Salute!

前進*16*座義大利經典酒莊
ITALY & WINERY

跟著 Peggy 邊繪邊玩

圖‧文／陳品君（Peggy Chen）

帶著一枝筆，
在旅程中描繪美麗風景

「捕捉當下」的氣氛是使我拿起畫筆的靈感來源。自從接觸了速寫後，我很快迷上這種輕鬆又快速的繪畫方式。只需一枝筆，簡單的線條便可描出一幅生動的畫。

有別於寫實的素描，速寫更容易突顯個人獨特的風格。而且能夠迅速完成一幅畫，成就感百分百！

從小有機會遊歷各國，後來更踏入威士忌與葡萄酒的世界。在不斷的旅行中豐富了我的作品，才有機會將一幅幅的畫作串連成我的第一本旅遊繪本。更終於得到嚴師的肯定，使我有出書的信心。但老師也從此不得閒，遇有瓶頸或靈感就不分晝夜的與他討論，才有我第一本繪本的誕生！當然我親愛家人也居功厥偉！

～我特別要感謝的人～

——

油畫老師**章恆欽教授Hench**

／Boss爸／

感謝開明的老闆鼓吹我四處遊歷拓展視野，多謝Boss贊助旅費啊！

／咪咪／

在我趕稿時，媽媽分擔了好多工作還不忘餵飽我，隨時還可要求肩頸按摩服務呢！You are #1 MOM！您是我最可靠的後援部隊！

／阿蓉妹Amenda／

我的行動酒字典！許多專業問題，可以讓我即時查詢。期待再次同遊冒險！

將本書獻給支持與鼓勵我的中外親朋好友們！
Thanks for your hospitality! Fabio, Walter, Carlotta & Glgl!
Merci beaucoup aux amis de l'OIV MSc！

現在，開始品嘗義大利美酒吧！Salute！

目錄
CONTENTS

01

工作＝喝酒＋畫畫？

每每聽到我家是經營洋酒進口生意，總有隨之而來的稱羨聲：「哇！超棒的工作耶！每天都有好酒可以喝。」

然而現實總是打破想像的迷思

在自家公司上班，需要身兼數職，日理萬機。我們
進口的產品種類重多，業界稱冠！

其中主要是葡萄酒、威士忌、龍舌蘭、伏特加、蘭姆酒、琴酒，還有各式各樣的調酒。
箇中學問無遠弗屆！越加鑽研，越發有趣！

採購

要聯絡國外酒廠進行議價、採購。
每年逢開盤季，非得深夜作戰、
眼明手快的搶購。

Dear XX, Bonjour XX,
Hola X ......

船運

與船公司大小聲

財務

「喬」匯率是重任之一

人事

還要有心理準備，面對
助理的各種突發狀況，
例如突然辭職不幹。
助理N説：「我就做到
今天！」

報關作業

非得提交繁複進口文件

業務

接到電話訂貨，非得砍價……
請相信酒商是重本薄利！

司機

臨時被抓派充當酒後代駕或司機的機率也頗高！

新品要趕快上架！」
「品酒會的簡介明天需要20份！

晚上送X箱酒到X餐廳，
客人晚上就要喝！

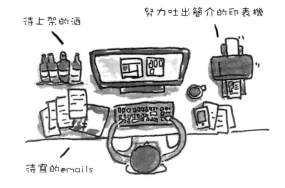

待上架的酒

努力吐出簡介的印表機

待寫的emails

美編

擠出時間管理網站和製作年節目錄。

雜工

擔任臨時雜工更是駕輕就熟。每逢過年過節，挽起衣袖折目錄、貼背標、裝禮盒、搬重箱，who怕who！

撬開葡萄酒木箱必備工具

對抗整星期的忙碌，畫畫成為我紓發壓力的最佳辦法。簡單的線條隔開腦中煩人的數字，豐富的色彩取代了枯燥的黑白文件，讓我沉浸於一個不受打擾的世界。父母及好友的讚美也使我越畫越上癮，幾乎廢寢忘食的努力專研其技法。出門永遠背著一個鼓鼓的大包！想畫就畫！

攜帶式水彩塊

我包包的必備之物

面紙

水彩筆

0.28/0.38/0.5 水性簽字筆

密封水罐才能丟在包裡！

用護照夾保護水彩紙

裁成明信片大小的水彩紙

Amenda

原來真正可以每天一直
喝酒的人竟然是我妹！

在我忙得分身乏術、不可開交的當下，阿妹卻正漫步於鬱鬱蔥蔥的各國酒莊中悠閒地品嘗葡萄酒。這是因為她參與OIV MSc（The International Organisation of Vine and Wine Master of Science Program）另類的紅酒管理課程，課程主要是環遊世界參觀各地酒莊及葡萄酒相關產業。以葡萄酒大國──法國為起點，再到歐洲、南美洲、北歐、亞洲，最後在北美洲結束為期一年的旅程。

撇開我是24小時standby的公司員工外，有個老闆爸爸，當然有機會藉著出差名義去體驗世界！

眼下就有個絕佳的機會！
在妹妹結束南美行程後，她與我相約於她的行程下一站──義大利。我決定也加入OIV MSc義大利區的葡萄酒課程，另外我們還有一個重要任務在身，拜訪兩家我們獨家代理十年以上的酒廠。之前他們邀訪多次均未成行。

首先是「Wilson & Morgan精選威士忌」，我們將有機會一探這個由義大利人經營的蘇格蘭威士忌品牌！再與羅卡酒廠（Angelo Rocca）的代表路易吉（Luigi）見面。對平時有著速寫狂熱的我，怎麼能錯過這次絕佳的機會。這趟難得的旅行我計劃用繪畫來呈現不同於以往用相片記錄的方式，結合我的工作與興趣，真是令人期待的挑戰呀！

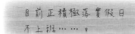

目前正積極落實假日
不上班……。

Wilson & Morgan Barrel Selection
威爾森&摩根蘇格蘭威士忌

出場人物介紹

在開始義大利的威士忌之旅時，得先認識以下幾個人。

法比歐‧羅西（Fabio Rossi）

義大利Rossi & Rossi獨立裝瓶廠的CEO，與我們公司合作長達十多年，負責精選蘇格蘭威士忌以及亞洲、南美地區銷售。

沃特‧羅西（Walter Rossi）

Rossi & Rossi的另一位老闆，法比歐的哥哥，負責歐洲地區的銷售。

卡蘿達‧羅西（Carlotta Rossi）

沃特的女兒，目前也在學習酒類相關學位，是我們的嚮導之一。

法比歐‧羅西
（Fabio Rossi）

酷CEO！

卡蘿達‧羅西
（Carlotta Rossi）

Fashion girl!

沃特‧羅西
（Walter Rossi）

Very nice guy. 我最喜歡他了，他慧眼識英雄，力邀我一同開創繪畫事業。

旅程的開始──
特雷維索Treviso

我「非常」順利地在機場辨認出沃特和卡蘿達！他們先載著臭烘烘的我到距離機場約一個小時車程的特雷維索民宿安頓，等妹妹晚上也抵達後再一起共進晚餐。

特雷維索是義大利的一座小城鎮，至今仍舊聳立的古時城牆和寬廣的護城河，見證她歷史悠久的痕跡。車子行駛在凹凸不平的石磚路上，在巷弄中穿梭著，今晚便住在當地最古老的民宿Domus Dotti V（多蒂五世宅邸），這座4層樓高的古蹟級宅邸，其歷史可以追溯到12世紀末葉。

推開厚重的木製大門，迎面即是華麗典雅的大廳，我迫不及待的拾階而上，參觀了起來。

我的房間位於三樓。

Amenda房間的浴室內居然還有小天使噴泉。按下開關，水從水瓶中傾流而下，伴隨五光十色的燈光效果！

由於時差緣故，隔日清晨4點便已清醒，透過晨光看見窗外層層紅磚屋瓦，樹林中鳥兒的討論聲也從推開的窗戶中飄進，我當下即拿出畫筆開始捕捉美景。

稍後在充滿文藝氣息的二樓餐廳享用完早餐，準備工作啦！

Wilson & Morgan的誕生

法比歐的祖父及父親從 1960 年代開
始進口蘇格蘭威士忌。

一樓還保留父親那時候的店面模樣，
內有販售各式葡萄酒和氣泡酒等等。

二樓辦公室則與一般上班族的辦公室無異。

威士忌的種類

談到威士忌，一般人必會想到蘇格蘭，而所謂的蘇格蘭威士忌，顧名思義，其實是出產於蘇格蘭蒸餾廠。若單就威士忌來看，基本上會分成用大麥釀造的麥芽威士忌（Malt whisky），以及用玉米或小麥為原料的穀物威士忌（Grain Whisky）。

至於麥芽威士忌則又可細分成，單一純麥威士忌（Single Malt），是指單用一家蒸餾廠生產的威士忌，其具有代表性的酒廠：麥卡倫（Macallan）、格蘭利威（Glenlivet）、格蘭菲迪（Glenfiddich）。

另一種是大家常聽到的調和威士忌（Blended Malt）則是混和了不同蒸餾廠的威士忌，例如這些酒廠：百齡罈（Ballantine's）、約翰走路（Johnnie Walker）。

麥芽威士忌 Malt whisky
用大麥釀造

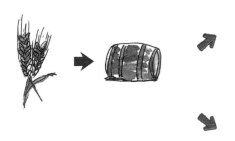

單一純麥威士忌 Single Malt
單用一家蒸餾廠生產的威士忌

酒廠：麥卡倫（Macallan）、格蘭利威（Glenlivet）、格蘭菲迪（Glenfiddich）

穀物威士忌 Grain Whisky
用玉米或小麥為原料

酒廠：英弗高登（Invergordon）、北不列顛（North British）

調和威士忌 Blended Malt
混和不同蒸餾廠的威士忌

酒廠：百齡罈（Ballantine's）、約翰走路（Johnnie Walker）

> 根據一項由蘇格蘭威士忌協會（The Scotch Whisky Association）2012 年所統計的資料可以看出，單一純麥威士忌最受台灣人喜歡，消費能力不可小覷，而台灣在全世界單一純麥威士忌的消費國裡排名第六名，第一名是美國，其次則是法國、新加坡、西班牙、德國。

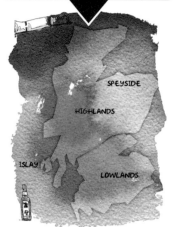

蘇格蘭威士忌產區

SPEYSIDE

HIGHLANDS

ISLAY

LOWLANDS

Wilson & Morgan 的公司總部。

威士忌製作流程

1
Malting製成麥芽

先將收成大麥浸泡在溫水中。

平鋪於地上讓大麥發芽，需定時翻動麥芽。

烘烤麥芽是決定威士忌風味的重要關鍵，燃燒的氣味將會附於麥芽上，使其產生不同的香氣。
特別是艾雷島威士忌擁有特殊的風味，便是因為使用泥煤作為燃料。

什麼是泥煤？

古代動、植物的屍體沉積在沼澤底。

因為潮濕造成腐化緩慢，經過日積月累而形成泥炭層。

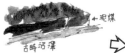

泥煤含量豐富的地區：愛爾蘭、蘇格蘭、荷蘭、北歐的斯堪地那維亞半島、加拿大、美國密西根州及佛羅里達州的大沼澤區。

切成磚形以利搬運，一般是用於家用燃料，但蘇格蘭威士忌的釀酒師對泥煤有更好的運用。

用文雅的方式形容泥煤威士忌是有著煙燻橡木香氣。而台版的形容詞則是消毒水和正露丸的味道。特殊的「重」口味仍有不少的忠實粉絲。

4 Milling 碾碎

將烘好的麥芽磨成顆粒狀。

5 Mashing 糖化

將麥芽粉放入桶中煮成汁。

6 Fermentation 發酵

將麥芽粉放入桶等麥汁冷卻後，加入酵母菌於發酵桶裡發酵。

7 Distillation 蒸餾

經過蒸餾器進行二次蒸餾，即為威士忌原酒（Cask Strength），這時酒精濃度約為 65～70 度。如果是啤酒就不經過蒸餾的程序。

8 Maturation 熟成

將蒸餾酒放入橡木桶中陳放。

獨立裝瓶廠的作業流程

近年來，歐洲各國、甚至亞洲的獨立裝瓶廠（Independent Bottler）如雨後春筍般冒出來。法比歐則在1922年創立自己的品牌：Wilson & Morgan（威爾森&摩根），正式轉型為獨立裝瓶廠。

向不同的蒸餾廠（如麥卡倫、格蘭利威）購買整桶威士忌。

再根據他的經驗來決定將其放置於何種酒桶（如波本桶或雪利桶等）、陳放幾年或甚至混合不同的威士忌。

如波本桶或雪利桶等

經過N年後⋯⋯

決定是否繼續陳放、過桶或直接裝瓶。

從滿意的酒桶中取出一些作為樣品。

^Cask Samples

將樣品寄至台灣。獨立裝瓶廠通常會保持原本的酒精濃度，稱為原酒（Cask Strength）。市面上常見的40、43或46度則是原廠為了使其統一化而加食用工業純水稀釋。

老闆試喝後

OK!

我開始下單作業：討論標籤、包裝、出貨等細節。有些裝瓶廠也可以提供客製化標籤、年份、酒精濃度等。

45天後⋯⋯

再經過繁瑣的報關程序

新品上市啦！

進入會議室討論之前的訂單，法比歐拿出不同的新款威士忌還有蘭姆酒讓我們試喝，當然也要與老闆視訊討論一下。法比歐開玩笑地說，我們來多拍幾張合照傳給老闆，就可以去觀光啦！

Wilson & Morgan
的秘密配方

到底威爾森 & 摩根如何挑選合適的威士忌呢？秘訣就是不斷的品嘗！法比歐和他的品牌顧問路卡（Luca），每年都需要品嘗一百多種的威士忌樣品，之後才會決定購買那些威士忌。

著名威士忌蒸餾廠

橘色是 W&M 較常選購的威士忌

SPEYSIDE	HIGLANDS	ISLAY
Aberlour 亞伯樂	Clynelish 克萊莉	Ardbeg 雅伯
Ardmore 愛迪摩	Dalmore 大摩爾	Bowmore 波摩
Aultmore 歐特蒙	Glen Keith 格蘭凱斯	Bunnahabhain 布納哈本
The Balvenie 百富	Glenmorangie 格蘭傑	Caol Ila 卡爾里拉
Ben Nevis 班尼富	Invergordon 英威高登	Lagavulin 拉加維林
Cragganmore 克拉格摩爾	Royal Lochnagar 皇家藍勛	Laphroaig 拉佛格
Glenburgie 格蘭博奇		
Glenfarclas 格蘭花格		
Glenfiddich 格蘭菲迪		
Glenlivet 格蘭利威		
Glenrothes 格蘭路思		
Linkwood 林克伍德		
Macallan 麥卡倫		
Mortlach 摩特拉		
CAMPBELTOWN	LOWLANDS	ISLANDS
Springbank 雲頂	Auchentoshan 歐肯特軒	Highland Park 高原騎士
Glen Scotia 格蘭斯科蒂亞	Girvan 葛文	Talisker 大力斯可
	North British 北不列顛	

而決定如何陳釀這些威士忌又是一門學問了！

各家裝瓶廠會創造出專屬於自己的、不同的口感、多元的風格。法比歐說他們總是不斷的嘗試，推陳出新不同的口感。產品貴在於精不在量，每桶都是獨一無二的作品！最後裝瓶的數量也不一定，陳放越久因蒸發損失的威士忌也越多，酒精濃度也越低。蒸發掉的威士忌有個美稱——天使的分享（Angel's Share）。

威士忌常用酒桶容量

威士忌標籤說明圖

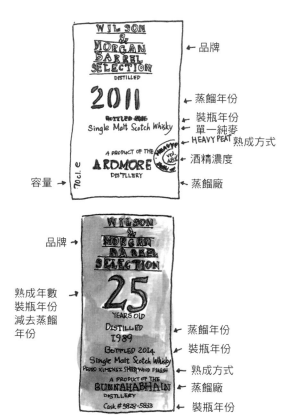

威爾森&摩根主要的銷售市場是歐洲，其中以義大利、法國、荷蘭、德國銷售最好，而非歐盟市場中，則是以俄羅斯、中國、日本，當然還有台灣銷售狀況最佳。威爾森&摩根的酒桶幾乎都存放在蘇格蘭，也在蘇格蘭裝瓶，義大利總部則負責樣品測試、設計標籤與包裝。

Sherry Wood
雪莉桶

装瓶 ➡

陳放×年

完全熟成於雪利桶

Refili Sherry
裝過威士忌的雪莉桶

装瓶 ➡

陳放×年

熟成於已裝過一次以上威士忌的雪利桶。

Sherry Finish

波本桶

過桶 ➡

雪莉桶

装瓶 ➡

陳放×年

1到2年，增添風味。

熟成於波本桶，最後放置於雪利桶1到2年，增添雪利風味，這個步驟稱為過桶。

根據法比歐多年的專業經驗，Glenrothes與雪利是絕妙的搭配，Clynelish則非常適合Marsala finish。他們也會做很多試驗來創造不同的風味。

威士忌與美食

平時品嘗威士忌可以兌水或加冰，也可以直接享受原酒的風味。法比歐建議使用鬱金香型的聞香杯，喝時輕搖酒杯，品嘗時更可以感受威士忌的香氣。如要搭配食物，歐洲人會選擇斯蒂爾頓藍乳酪（Stilton Blue Cheese），或試試燻鮭魚或生蠔喔！當然搭配飯後甜點一起享用也是不錯的選擇。

昨晚法比歐和沃特請我們在鎮上品嘗道地的義式料理。特雷維索還是義大利氣泡酒和提拉米蘇的發源地耶！飯後甜點當然要嘗嘗道地的提拉米蘇，果然不負所望，來了一客巨大的提拉米蘇，綿密的馬斯卡彭乳酪與鬆軟微濕的蛋糕，搭配威爾森&摩根威士忌。哇！好想再來一客喔！

我們就在古樸的義大利小酒館裡品嘗剛裝瓶的愛迪摩 Ardmore 2011。

威尼斯我來了！

忙完公事後，緊接著當然是觀光時間囉！
水上之都——威尼斯我們來了！

從停車場俯瞰義大利古城，一整片磚紅色屋瓦映入眼簾，興奮與
感動之情油然而生！

小艇乘風破浪向前駛，兩岸一幢幢
見證過千帆過境的樓房令人目不暇
給。熱鬧活潑的海鷗似乎也將活力
傳染給了所有人，在會「車」時，
熱情的招呼聲不絕於耳。

到了碼頭放眼望去的是一艘艘小船起起伏伏
地停泊於此，醒目的黃色標誌說明了小船的
功能——計程船。一起搭上水上小黃來去威
尼斯吧！

好震撼喔！

Ciao! Venezia!

聖馬可與飛獅各自佇立於左右石柱上，迎接來自世界各地絡繹不絕的旅客。而披了一襲赤色外衣的紅磚鐘塔霸道地搶了樸實素雅宮殿的鏡頭。

Venice
3.25.16
PEGGY

步上碼頭，我們穿過歷史悠久的廊柱，前往具
有240多年歷史的Caffè Quadri用餐。從小就對
歷史極為有興趣的我，萬分期待等會威尼斯公
爵宮（Doge's Palace）的導覽。

威尼斯公爵宮之旅

從入口進入後，迎面便是天井。
公爵宮（Doge's Palace）最早
建於9世紀，為威尼斯最高統治
者公爵或稱總督的官邸。而公爵
doge是源自拉丁文dux一詞，是
領導者的意思。宮殿曾在10世
紀時付之一炬，經歷多年修整，
現在我們所見的這座哥德式的
（Gothic）的建築則是擴建於14
至15世紀文藝復興時期。

Ciao！

「Ciao（音：裔）」導遊小姐熱情的與我們打招呼。「大家知道這個字是怎麼來的嗎？」導遊出個考題詢問大家。有趣的是，連從早到晚都「裔」不完的義大利人竟然也不知道答案呢！

原來Ciao是源自於Schiavo（奴隸）一詞，當跟對方說Ciao時，意思就是說：「我是您的奴隸。」

嗯……以後要考慮一下要不要用這個字了。

沿著大理石樓梯通向二樓，左右扶手的雕像是羅馬戰神（Mars）和海神（Neptune），氣勢非凡的雕像象徵威尼斯當時強大的海權及國勢。

接著我們參觀一間又一間的房間，天花板上盡是雕樑畫棟，處處可見生動的天使浮雕和壯觀的巨大油畫。

其中最令我嘆為觀止是義大利畫家丁托列托父子（Jacopo & Domenico Tintoretto）所繪的天堂（Paradise）。這幅寬大約22公尺、高9公尺的「巨」作，占據了大會議廳整片牆面，畫中耶穌居中間位置，身旁環繞著500多位天使、聖者、先知等等。會議舉行時，總督坐在中間有鑲金的寶座上，議員們則分坐於兩旁，威尼斯的政治高層便在此地處理政事和聽取民意。

再來，導遊要我們猜猜走廊牆上醜陋嚇人的人頭浮雕的用途，為何在其嘴巴的位置還要開一個洞？最後公布答案：竟然是古代的告密信箱。告密者可以具名或匿名投入告發信。官員會從屋內收取信件。雖然具名會比匿名徹查的更加仔細，但為了防範誣告，一旦查證不實，可是會判同罪名的刑罰喔！

從11世紀開始，隨著威尼斯日漸繁榮強大，公爵人選從由拜占庭皇帝指派轉變成由威尼斯議員們自行選出。導遊特別指出一間有著ㄇ字型的金雕書櫃的小房間，裡面存放重要的黃金名冊（Golden Book）。世代權貴名稱都記錄在冊，歷代公爵則會從書中選出，所以有些家族不惜花重金也要擠上名冊之列。

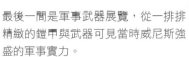

最後一間是軍事武器展覽，從一排排精緻的鎧甲與武器可見當時威尼斯強盛的軍事實力。

導遊特別指出展示櫃中一個外表看起來普通的木製手提箱，其實它可是不容小覷的SPY箱。如用不對的方式開啟箱子，就有飛箭從箱子的四面射出，迅速射殺偷盜者。哇！在中世紀就有007的設備了！

Photo Spot！從公爵宮獨特的窗花遠眺繁忙的威尼斯運河，別有一番趣味！

陣陣海風鑽入我「愛水不畏寒」的風衣，在沃特的堅持下套了他買來的帽T。沒想到這件帽T在後來又再度解救了我！

懷著意猶未盡的心情，我們再度漫步在人聲鼎沸的聖馬可廣場。每個人都是一樣的姿勢，雙手高舉相機，「咔」、「咔」、「咔」地旋轉一圈，不能漏掉任何一種角度。

WATER 3. 25. 16

VENEZIA 1720

TEA

18:25

CHOCOLATE

CAKE

下一個行程是來去古典華麗的Caffè Florian吃頓下午茶！來得巧的我們不久便等到座位，通常這裡可是一位難求啊！目光瀏覽著牆上和天花板的精緻雕飾與古典油畫，能感受到這裡的美食與環境，處處展露出咖啡館近50年來歷史所留下深刻的人文藝術精髓，讓遊客同時享受味蕾與視覺的雙重饗宴。

GONDOLA SERVICE

SERVIZIO CONTROL

濃稠的熱巧克力溫暖了我的全身，我已準備好撐一支長篙，穿梭於威尼斯的大街小巷！伴著寒風波濤，我永遠忘不了在搖搖晃晃的貢多拉作畫的感覺。身為義大利人兼威尼斯的大學生卡蘿達，竟從沒體驗過貢多拉，她笑著說還要感謝我們讓她有這個機會哩！

令我幻想破滅的是，船夫居然沒有兼歌手，為我們搖船的先生解釋説他需保持體力才無暇唱歌。但也因為如此，有時會見到有雇用歌手的貢多拉被其他要聽霸王歌的船重重包圍，也是一種有趣的景象。

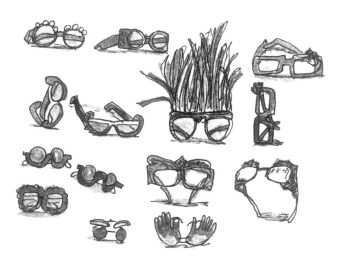

經過水路冒險後，我們接下來的任務是陸路市調。威尼斯除了以玻璃工藝聞名於世外，面具嘉年華更是聲名遠播。根據我的觀察，發現眼鏡店居然比面具禮服店還多。原來面具已經不稀奇了，眼鏡才是時尚啊！看著櫥窗中琳瑯滿目、五花八門、千奇百怪的眼鏡，真想每一副都戴戴看耶！下次參加嘉年華，選副眼鏡代替面具吧！

走著走著，此時的夜幕早已換上黑色的晚禮服，當然也不忘記綴上一顆顆閃亮的鑽石。在星光下，陣陣微風將悠揚琴音緩緩吹來，我們隨著樂聲的吸引，緩緩走進聖馬可廣場，我的畫筆也隨著音符在紙上舞動。

今晚法比歐兄弟招待我們在威尼斯最有名也是最古老的餐廳——Harry's Bar（哈利酒吧）一起共進晚餐。一入室內，暖暖的燈光與熱鬧的氣氛頓時驅散海風帶來的寒氣。寬闊的吧檯、酒紅色的木造桌椅，以及牆上的畫作，都在訴說著這個酒吧悠久的歷史。這間名氣響亮的酒吧營業至今已有80年以上的歷史，是由現任老闆阿里戈·希普利亞尼（Arrigo Cipriani）的爸爸朱塞佩（Giuseppe Cipriani）在1931年所創建而成。

關於酒吧名字的由來還有一則感人的小故事喔！回溯到80多年前，當朱塞佩還在飯店擔任酒保的時候，曾經資助一位年輕的美國學生哈利（Harry Pickering）1萬元里拉。多年後，哈利感激朱塞佩的慷慨解囊，除了償還借款外，哈利還加碼3萬里拉用來贊助朱塞佩完成其經營酒吧的夢想！因此朱塞佩決定用哈利的名字來為他的酒吧命名。

在當時那個年代，酒吧是貴族或名流政商聚會的場所。默劇大師卓別林、文壇巨擘海明威、驚悚電影大師希區考克也都是這裡的常客喔！

這時侍者為所有人端上了一杯杯可愛粉嫩的橘色飲料。沃特說來到哈利酒吧一定要試試它的招牌餐前水蜜桃雞尾酒——貝里尼（The Bellini），我迫不及待地試喝一口，感覺如同水蜜桃汽水般甜蜜迷人。這款雞尾酒的配方也很簡單，是用義大利氣泡酒（Prosecco）加上現榨白水蜜桃汁及糖調和而成。意外的是，這款雞尾酒居然引起了流行風潮，從威尼斯發揚到其他地區，現在它已是義大利處處可見的雞尾酒！

交談間，我注意到一位身穿西裝笑容滿面的老先生，親切的與每桌的客人打招呼，這是老闆阿里戈每日的例行工作。

酒足飯飽後，我們揮別哈利酒吧，踏入夜色黑如深海的街道返回碼頭。與喧鬧的酒吧相比，外頭是早已沉睡的威尼斯。碼頭上只有彼岸遠方點綴著寥寥燈光，一行人坐上還未收工的計程「船」，踏上歸途。

Buona notte, Venezia!
（晚安！威尼斯！）

我的羅馬假期

翌日早晨，拿著因復活節假期而一票難求的車票，推著重重的行李直奔車站，在看板上搜尋月台號碼。沒想到，光是推行李走到月台就得費一番功夫。在歐洲進行火車自助旅行，最深的感觸就是要有過人的臂力！

因為佈告欄只會在發車前幾分鐘公告月台號碼，而歐洲的火車站通常又只有樓梯，所以只好拖著行李翻山越嶺。我們就曾經在波爾多車站發生過因為行李過重且多，而無法迅速扛著行李衝上月台，只能聽那火車奔馳而去的隆隆聲，而望梯興嘆的慘痛經驗。

還好，這次挺幸運地趕上火車，但如何放置行李也是一件麻煩事！這班車的行李區都已堆放滿滿的行李，這時只需要再度發揮超人的神力，把我們的行李拋上那堆行李山就大功告成了。記得之前有一次搭乘TGV（法國高速列車）時，因行李區爆滿，只能放在車廂與車廂之間的走道，每次停站時還要小心行李擇出門外或被人順手牽羊。

經過四個小時飛馳後……

抵達了法比歐為我們預定的飯店麗皮塔居所（Residenza di Ripetta）。
我們拿著飯店提供的羅馬地圖，把握僅剩的時間迅速往梵蒂岡出發。

人民廣場及聖彼得大教堂

第一個景點就從離飯店最近的人民廣場（Piazza del Popolo）開始！廣場的中央聳立著壯觀的埃及方尖碑，又是羅馬皇帝的戰利品吧！聽說總共有20個方尖碑遍布義大利各處，單是羅馬就擁有7個。

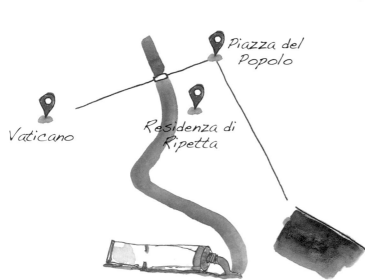

一直走……穿過了

繼續走……經過了

看到了站得筆直的瑞士衛隊衛兵。

下一刻映入眼簾的是梵諦岡復活節盛況！人山人海、萬人空巷等等形容詞在我腦海中閃過，整條路上被熱情的民眾擠得水洩不通，我們摩肩接踵地穿過人群，往聖彼得廣場方向前進。到達卻發現廣場中央空無一人，訝異之餘往四周望去，原來民眾成群結隊的都在廣場迴廊下排隊等候安檢，周圍還有警察在維持秩序。

突然，一群民眾瘋狂奔跑起來，我們一頭霧水，不知道發生什麼事。經過警察比手畫腳的解釋之後，所得到的結論是：教宗將會在陽台與民眾見面，所以人人爭先恐後地要一睹教宗的聖容。

夕陽的餘暉照映在聖彼得大教堂上，顯得莊嚴而美麗。這座教堂是由米開朗基羅、拉斐爾等知名藝術家們經過多年協力完成。而聖彼得廣場上氣勢雄偉的迴廊則是由義大利最具代表性的雕塑大師貝尼尼所設計，相信看過小說《天使與魔鬼》的人，對這位建築設計大師也不會陌生吧！

Peggy

Rome 3.26.16

雖然計劃趕不上變化，抵達現場之後，我們很失望地得知教堂及博物館都因節日而關閉，只好無奈的順著大道返回羅馬。道路兩旁的樓房插著各國國旗，原來這條街是使館區，我們也看到台灣的國旗在空中飄揚喔！

研究地圖中……

回程經過聖天使教堂（Castle of Sant' Angelo）。原本這座教堂是Hadrian皇帝的皇家陵墓，但在中世紀變為防禦堡壘。在16世紀時，教宗克勉七世（Clement VII）曾因為戰亂從梵蒂岡的秘密通道逃至此處避難。

納沃納廣場（Piazza Navona）及
特萊維噴泉（Fontana di Trevi）

納沃納廣場以廣場上三座巴洛克式噴泉聞名，中間由貝尼尼所設計的四河噴泉又在電影中大大亮相了。

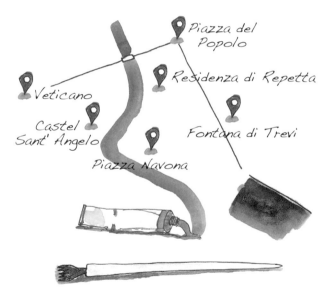

今日最特別的紀念品就是耙子狀的鋼筆。

用途：作曲家必備──畫五線譜！

海神噴泉（Fountain of Neptune）

小木偶是今日最可愛的紀念品。
之前還沒注意義大利是小木偶的
故鄉耶！滿街的小木偶為古樸的
街道增添不少色彩。

掏錢

特萊維大概是義大利人氣最旺的
噴泉了，池邊均被來自世界各地
的遊客填滿，無一絲空隙。

池中間是踩在巨大貝殼上，肌肉
結實、神情威武的海神波賽頓，
他駕著兩匹昂首嘶鳴的飛馬奔騰
而出，左右各有女神及吹螺的海
中使者環繞，而建築的最上方則
是象徵春夏秋冬四位女神。

眼尖的看到空位立刻迅速竄去卡
位，接下來當然要入境隨俗囉！
丟銅板許願時間……

羅馬競技場（Colosseo）

今天的任務就是直奔羅馬競技場！街道上四處可見五花八門的街頭藝人表演。

Residenza di Ripetta
Rome 27.3.76
Peggy

再向後走,即是古時羅馬人的生活重鎮──古羅馬廣場(Foro Romano),寬廣氣派的石磚大道筆直通向羅馬競技場,左右兩邊可見舊時古城斷垣殘壁,想像古時所向披靡的羅馬戰士曾威風凜凜經過此處。

沿著大道走到底就看見雄偉的威尼斯廣場(Piazza Venezia)。當地人戲稱是婚禮蛋糕或打字機,前方的紀念碑是紀念義大利統一後的第一任國王維托里奧·伊曼紐二世(Viotor Emmanuel II)。後方的建築則是第一次世界大戰身亡士兵的安息之地。

在開國皇帝奧古斯都(Augustus)大帝的統治時期,羅馬已有一百萬的公民了。

文獻中大都以屋大維的頭銜奧古斯都(Augustus)稱之,意思是神聖、雄偉、至尊。

如果仔細觀察,就會發現在羅馬建築、雕像處處可見S·P·Q·R這幾個英文字母,甚至在水溝蓋上都能看到!這其實是羅馬帝國的正式國名──元老院與羅馬人民(Senātus Popuque Rōmānus)的縮寫,現在做為羅馬市徽。

果然不出所料，大批的人潮在售票處排隊。我又拿出隨身不離的紙筆來捕捉周遭的旅客及古城景色。但實在沒料到連進入競技場都需要排隊，我們還來不及讚嘆競技場的宏偉，就被環繞競技場一圈的隊伍嚇得呆若木雞！

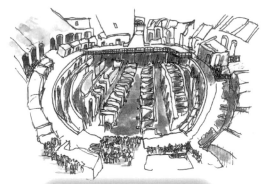

下方是關押奴隸與野獸之地

最後，終於敵不住在一旁旅遊導覽團的勸説，而加入他們的行列，不然以隊伍移動的速度，排到明天都還不能進去。我們跟著導遊一起爬上二樓，由觀眾席俯瞰這歷經繁華與滄桑之地。這裡曾經是五萬名觀眾觀賞戰士或奴隸與野獸搏鬥撕殺的地方。一方面震撼於其壯闊，一方面也感嘆在此喪生的人們。梵蒂岡特在競技場邊緣豎立一個巨大的十字架，願亡者安息。

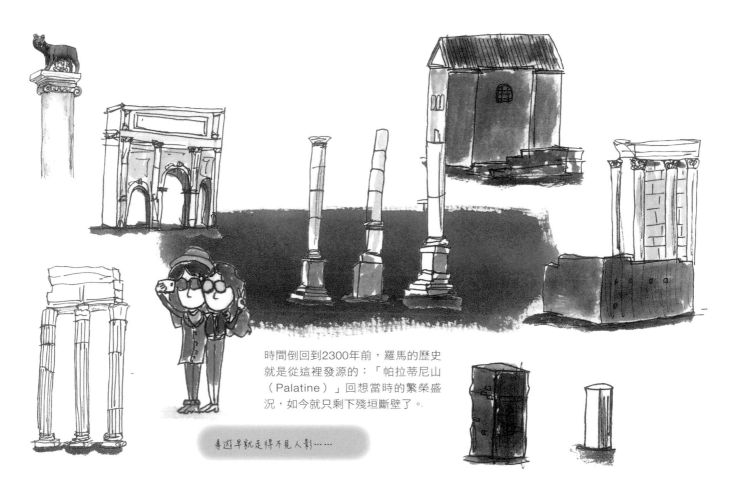

時間倒回到2300年前，羅馬的歷史就是從這裡發源的：「帕拉蒂尼山（Palatine）」回想當時的繁榮盛況，如今就只剩下殘垣斷壁了。

導遊早就走得不見人影……

玩樂篇 2 ← 55

Piazza Campidoglio

PEGGY

卡比托利歐廣場為米開朗基羅
無數不朽作品之一！

Very cute
deer wall lamp

lamp

Water

ROMA

Peggy

Tiramisu

Agrodol
ce

← Pizza

Dinner Time!
真想把可愛的鹿頭燈帶回家！

Peggy 戲院木偶劇即將開演，請觀眾迅速就坐。

1 本戲院隆重推出羅馬驚魂記，讓我們繼續關注兩姐妹花接下來的旅程。

2 在風和日麗的早晨，兩姐妹悠閑的在街上漫步，朝著萬神殿（Pantheon）出發。

3 走著走著抬頭見大片的烏雲取代雪白的棉花糖。
同時，一個鬼祟的人影也在暗處窺伺。

5 突然，黑衣怪客跳至前方阻擋兩姐妹的去路。

4 斗大雨珠開始潑下，她們狼狽的在屋簷下東衝西
躲，而可疑的黑衣人也尾隨其後。

6 黑衣怪客張開雙臂，步步朝她們逼近……

7 黑衣怪客露出其真面目，原來是成群結隊的雨傘幫眾人，雨傘販與兩姐妹展開了一場追逐戰。

8 最後在萬神殿附近，終於將烏雲與雨傘小販一併甩置腦後。

9 萬神殿在西元前27年由屋大維下令所建。

10 這裡也是維托里奧·艾曼紐二世（Vittorio Emanuele II）與畫聖母聞名的拉斐爾（Raphael）的長眠之地。

立刻傳我屋大維的命令，
建造一座萬神殿（Pantheon）。

11 Buongiorno（你好，早安），今天午餐要吃什麼 pasta?

MENU

Spaghetti   ruote   farfalle   ditalini   orzo

rigatoni   ravioli   fusilli   tagliolini   tagliatelle

conchiglie   maccheroni   lasagna
(shell)

MENU

Spaghetti

ruote

ditalini

orzo

rigatoni   ravioli

tagliatelle

fusilli

tagliolini

conchiglie   maccheroni   farfalle
(shell)

lasagna

12 滿是義大利文？
最好看圖點餐啦！

不要玩了！我們還要趕去機場的租車中心與同學會合，然後一同開車去西耶納（Siena）！

還沒演到吃飯耶！

3.28.16
PEGGY

03

出發前往酒莊了！

先穿過迷宮般的停車場！

在租車中心與Amenda的同學Anne-Laure和Jonathan碰面，四人一起開車去西耶納（Siena）。

要善用每一寸空間，朝西耶納出發！

28.3.16 5pm
PEGGY

經過4小時的舟車勞頓，到達西耶納時太陽已是早早收工，連月亮和星星都不知道去哪翹班了！在漆黑的森林中僅靠車燈和GPS尋找我們下榻的飯店Hotel Villa Casalecchi。

Anne-Laure　Jonathan

我一進入飯店交誼廳，來自黎巴嫩的Maher大喊藝術家來了！原來他一直關注臉書上我為OIV每天所繪的速寫。一開始我覺得妹妹與她的同學們遊歷世界各國的照片是極佳的練習素材，就隨性畫了幾張，後來越畫出心得，好似我也與他們一起旅行一般。但這就是我陷入速寫狂熱症的開端！從他們在巴黎開始到現在我也累積超過一百張的作品了！

看到平時筆下靜態的人物在眼前談笑風生，如同看到魔法世界會動的照片一樣，不禁暗自覺得有趣。在大家互相問候與聊天的同時，其他人也陸陸續續抵達飯店。

寒暄過後，飢腸轆轆的我們四人再度開上鄉間小路去尋找附近唯一一家還有營業的餐廳。

Dorian

Capucine

Joseph

Benjamin

Antoine

Winston

Olivier

Marie-Céline

Nóra

James

Peggy

Amenda

Anne-Laure

Jonathan

FX

Maher

酒莊Visits! Let's GO!

Bergamo 貝加莫

VENETO 威尼托

Agrate Brianza
阿格拉泰布里亞恩札

LOMBARDIA 倫巴底

Verona 維洛納

14. Angelo Rocca & Figli s.r.l. 羅卡酒莊

15. Corte Sant'Alda 聖阿爾達農場

Bolgheri 博格利

Milano 米蘭

Vicena 維琴察

11. Le Macchiole 瑪其歐里酒莊

16. Zonin 1821 佐寧1821酒莊

12. Ornellaia 歐內納亞酒莊

TUSCANY 托斯卡尼

Firenze 佛羅倫斯

13. Candialle 坎第亞酒莊

Siena 西耶納

UMBRIA 翁布里亞

1. Cecchi Winery 切基酒莊

2. Consorzio della Denominazione San Gimignano
   聖吉米尼亞諾協會

Perugia 佩魯賈

4. Lungarotti 路岡榮帝酒莊

3. Montenidoli 蒙泰里多利酒莊

5. Consorzio Tutela Vini Montefalco
   蒙泰法爾科葡萄酒保護聯盟

7. Fattoria Del Colle 柯雷的農場

Grosseto 格羅塞托

6. Arnaldo Caprai
   阿納爾多卡布拉依酒莊

8. Argiano 阿爾嘉諾酒莊

10. Ampeleia Srl 安佩萊雅酒莊

9. Cupano 枯巴諾酒莊

Cecchi Winery
切基酒莊

酒莊小檔案

· 建於1893年
· 由創辦人Luigi Cecchi和其子Cesare所成立
· 莊園約480公頃
· 葡萄園約2.9萬公頃
· 以家族企業化型態經營

我帶著興奮的心情，步入建築外觀現代但歷經百年以上歲月的切基酒莊。這裡最初是由一位專業的試酒師路易吉‧切基（Luigi Cecchi），與他的兒子凱薩（Cesare）所建立。現在由凱薩二世和安德魯（Andrew）兄弟倆延續其祖父的心血共同經營。

為了讓我們更充分的了解義大利葡萄酒知識和市場動態，先來上一堂葡萄酒課吧！

OIV Director-Nicolas
突擊檢查看我們有無專心聽講!

課堂上密密麻麻的筆記。

談到葡萄酒，腦中通常立即會想到世界聞名的法國葡萄酒，但其實義大利葡萄酒也占有舉足輕重的地位！我們現在身處於義大利遠近馳名的釀酒區——奇揚地（Chianti），這裡是全世界最早由官方劃出的特定產區，歷史可以追溯到1716年。

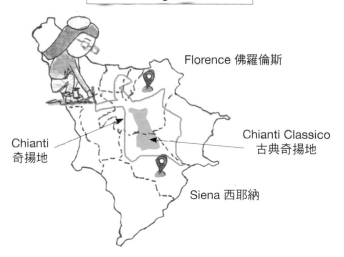

Tuscany 托斯卡尼

Florence 佛羅倫斯

Chianti Classico
古典奇揚地

Chianti
奇揚地

Siena 西耶納

Ⅰ 世界葡萄酒生產量

Ⅱ 葡萄園面積

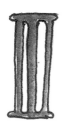

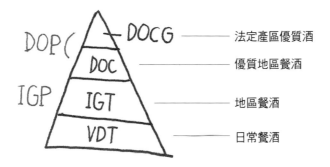

DOCG	法定產區優質酒
DOC	優質地區餐酒
IGT	地區餐酒
VDT	日常餐酒

DOP、IGP

法國為最早制定法定產區制度的國家（Appellation d'Origine Contrôlée, AOC），從1920年開始對葡萄產區、品種、栽種、釀造等均有嚴格規定。而義大利在1960年也開始逐漸發展及制定相關等級規定。

義大利後來因成為歐盟的一員，須遵照歐盟葡萄酒法規改成DOP，但大部分歷史悠久的義大利酒莊依舊我行我素的沿用舊時分級。

各種數據、圖表和專有名詞在我腦中飛舞了一個多小時，等不及開始實地考察了。

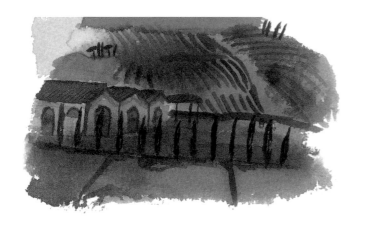

對於從小生長於地狹人稠的台北市的我，面對一望無際的葡萄園，心中充滿難以形容的震撼。雲朵巨大到好像觸碰到了地平線，葡萄藤延伸至天際隱沒於白雲中。我們就在這令人心曠神怡的天然教室，繼續葡萄酒的課程。

導覽小姐把手一揮，眼前大家所見的葡萄園總共有80公頃大，而其中1公頃的土地是他們特別保留做為研究用途。他們在每1公頃的土地上種植5,700株葡萄藤，一年內大約可以生產750萬瓶的葡萄酒喔！

酒莊老闆與經理前來與我們打招呼時，老闆不斷強調「尊重生態環境來維持土地的平衡」的宗旨，可見他對生態議題的重視。為了達到永續經營，他們運用新科技節約能源和處理廢水問題，甚至在耕種期也盡量減少用水。包裝方面，也降低玻璃瓶的重量和使用回收原料等等。要釀造出絕佳的葡萄酒，適合的土壤、理想的氣候與完善的酒莊經營都是不可或缺的因素啊！

葡萄種類

之後，由酒莊經理為我們介紹葡萄，義大利的葡萄種類高達400多種，許多都是鮮為人知的原生種。目前就先記住山吉歐維榭（Sangiovese）是義大利葡萄品種中種植面積最廣的，尤其是奇揚地這個地區。山吉歐維榭顆粒較大、香氣濃，通常會混合其他品種，葡萄酒色澤較淡，酸度高，單寧含量較高。

顆粒較大
種植最廣

Sangiovese

 葡萄生長記

11月

休假中！

2月

美髮師大顯身手

3月

快看！發芽了

每次釀酒師會依照葡萄的成熟度、香氣與甜度來決定採收的季節與時間,切基酒莊在8～10月各採收一次,導遊說之前清晨4點就開始人工採收了!清晨收成,葡萄溫度不會太高,便不需要經過冷卻處理。現今很多酒廠使用機械採收來降低成本,但切基酒莊仍堅持傳統手工採摘方式。

收成時要避免摘到潮濕的葡萄,因為水分會影響葡萄酒的品質。

5月

開花哩!

7月

葡萄們快快長大

8月

帽子不夠裝了!

紅酒釀造過程

去梗

將葡萄倒入去梗機。

挑選

淘汰熟度不足、發霉破裂的葡萄，並挑除雜物。結實及無損的外皮是製成好酒的關鍵，因為葡萄酒的色澤、單寧和風味都是來自葡萄皮。單寧（Tannin）是葡萄酒入口時造成的乾澀口感，以及紅茶喝起來些許苦澀的主要因素。單寧不僅建立起葡萄酒的結構和增添口感風味的豐富性，還有防腐效果，使葡萄酒能存放多年。

橡木發酵槽

水泥發酵槽

不鏽鋼發酵槽

發酵

由釀酒師決定將葡萄倒入何種發酵槽進行發酵。

發酵過程

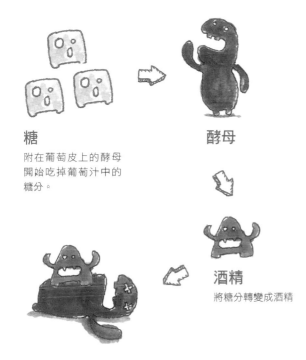

糖

附在葡萄皮上的酵母
開始吃掉葡萄汁中的
糖分。

酵母

酒精

將糖分轉變成酒精

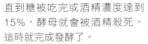

直到糖被吃完或酒精濃度達到
15％，酵母就會被酒精殺死。
這時就完成發酵了。

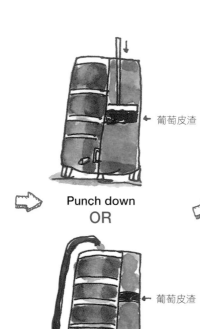

葡萄皮渣

Punch down

OR

榨汁

將葡萄皮渣等放入壓榨機,擠出較重單寧的酒液,也可以不經過榨汁直接放於木桶中。

葡萄皮渣

Pumping over

踩皮

葡萄皮和果肉會逐漸凝聚於頂端而形成一個「帽子」,為了避免葡萄皮乾掉,需定時將「酒帽」壓入底部浸泡葡萄汁(Punch down),或由下方將葡萄酒抽至頂端澆淋以保持「酒帽」濕潤(Pumping Over)。

熟成

發酵後在木桶中陳放,有些酒廠會混合榨汁的酒液。

接下來我們隨著導覽小姐回到酒莊去看酒桶陳放之地,她從一面牆上推開隱藏式的木門,所有人魚貫步入地下室,酒窖內滿室縈繞著橡木味。

装瓶　　　　　　　　装箱

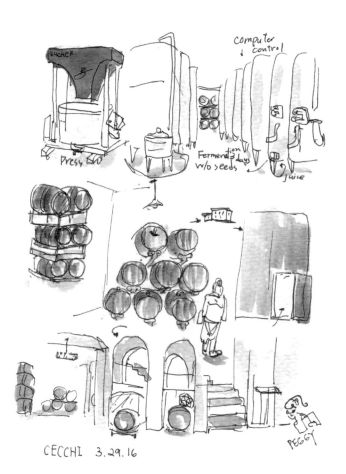

CECCHI　3.29.16

品酒小記

品飲室裡現代感的玻璃長桌與黑白相間的地磚特別醒目，我們實際品嘗了酒莊辛苦一年多的成果。除了切基酒莊，我們也品嘗他們旗下四間酒廠的作品，分別有以下幾種。

我們在莊園的餐廳享用了一頓豐盛的午餐。前菜是切片麵包塗上厚厚的鵝肝醬或涼拌番茄丁，主菜是奶油義大利麵，當然不忘搭配切基酒莊自家出產的葡萄酒囉！

很多酒莊都是用酒莊名＋地區名為酒命名。

Costello Montaùto Chianti Vernaccia di San Gimignano DOCG 2014 13%

85% Sangiovese, 10% Colorino, 5% Canaiolo

- 在不鏽鋼桶裡發酵15天，以利單寧釋出，再放置不鏽鋼桶裡陳放。
- 強調新鮮、容易入口，搭配義大利肉醬麵或烤肉最為合適喔！

VILLA CERNA CHIANTI CLASSICO 2013 13.5%

Sangiovese 95%, Colorino 5%

| 在不鏽鋼桶裡發酵26天，
| 在木桶中陳放9個月。
| 紫羅蘭的香氣、單寧與果香
　完美結合。
| 適合搭配烤肉或乳酪。

VAL DELLE ROSE POGGIO AL LEONE 2011 14%

Sangiovese 90%,other complementary grape varieties 10%

| 發酵16天，
| 在木桶中陳放12個月。
| 葡萄在絕佳的氣候中成長，充分享
　受陽光和海風的吹拂。
| 酒體厚實，結構完整。

VAL DELLE ROSE LITORALE 2015

90% Vermentino and the rest Sauvignon Blanc

| 在8月底到9月初收成。
| 淡金色色調的白葡萄酒，
　夏季水果的芳香與清新口感，可
　搭配奶油義大利麵。

CECCHI RISERVA DI FAMIGLIA CHIANTI CLASSIC D.O.C.G. 2012 13.5%

Sangiovese 90%, Canaiolo and Colorino 10%

| 在不鏽鋼桶裡發酵15天，
| 在木桶中陳放6個月。
| 清新平衡，最適合搭配義大利肉醬麵或烤肉。

Consorzio della Denominazione San Gimignano
聖吉米尼亞諾協會

酒莊小檔案

San Gimignano小鎮
- 小鎮總面積約12,500公頃
- 農業用地占約5,600公頃（有葡萄、橄欖、穀物等作物）
- 葡萄園約1,900公頃，白葡萄占約770公頃
- 氣溫在-5～37度之間
- 葡萄園位在距離海平面200～400公尺高的山丘上

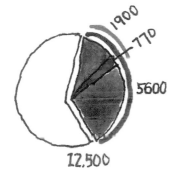

1900

770

5600

12,500

小鎮用地比例

「酒」足飯飽後，抵達下一站聖吉米尼亞諾協會（Consorzio della Denominazione San Gimignano）。該協會於1972年成立，以經營、維護和發展聖吉米尼亞諾地區的葡萄酒為宗旨。

San Gimignano是托斯卡尼區一個以釀造白葡萄酒聞名的小鎮。當地有170家莊園負責栽種葡萄，其中70家有自己的品牌。

San Gimignano DOCG & DOC

www.vernaccia.it

PEGGY
3.29.16

SEE & DRAW

等大夥兒坐定，主講人先生看著密密麻麻的Power Point簡報，用溫和細柔的音調開始「唸」述聖吉米尼亞諾引以為傲的維納希白酒歷史。他提出無數例子來佐證維納希白酒在歷史上也占有一席之地！

品酒小記

VERNACCIA DI SAN GIMIGNANO

| 這款酒是在聖吉米尼亞諾區生產，必須要達到下列條件才能使用此名稱。需使用至少85％聖吉米尼亞諾的白葡萄維納希（Vernaccia）所釀造。

| 最多混合15％無香氣的白葡萄及10％的白蘇維濃（Sauvignon Blanc）和麗絲玲（Riesling）。

珍藏(RESERVE)

選擇最好的葡萄作為珍藏（Reserve）等級，至少需在木桶內陳放11個月才有資格在標籤印上Riserva（Reserve）。
最佳飲用的溫度是12～14度。

哇……可憐的維納希白酒居然被當成懲罰！

11世紀

13世紀末

14世紀

已有文獻記載義大利的紅酒文化和生產。

這時義大利葡萄酒就已經出現在國王、主教和有錢商賈的餐桌上了。

但丁在神曲中敘述他到地獄一遊，見到教宗馬丁四世因為生前生活豪奢又酷愛美食，尤其喜愛博爾塞納地區（Bolsena）的鰻魚搭配維納希白酒。他被判以暴食罪，他將永不停止的吃著他最喜愛的食物。

神曲

| 15世紀 | 17世紀 | 18世紀 | 20世紀 |

應某某領主、某某主教的需求，維納希的產量大增……還可以在一堆藝術家的著作或畫作中發現維納希白酒。如文藝復興時期義大利畫家和建築師喬治·瓦薩里（Giorgio Vasari）。

出現在米開朗基羅和義大利醫學家弗朗切斯科·雷迪（Francesco Redi）的手稿上。

因為葡萄種類更為多元而使得人們口味改變，進而造成生產量下降。

在二次世界大戰時期，生產量又開始上升。在1966年成為義大利第一款榮獲DOC的葡萄酒，1993年則晉升DOCG。

Montenidoli
蒙泰里多利酒莊

酒莊小檔案

・成立於1965年
・經營者是Elisabetta Fagiuoli，以家族型態經營
・葡萄園約24公頃

結束了「落落長」的歷史課，我們再度開著車翻山越嶺到蒙泰里多利酒莊。放眼望去皆是滿山遍野的葡萄藤，很難想像5百萬年前，這座山谷曾經被海水覆蓋。而古時海底生物的遺骸也為此區白酒增添香氣。

加足馬力爬上一個小陡坡,將汽車停妥後,一位滿頭銀髮的老太太——伊麗莎白(Elisabetta),早已笑容滿面的站在酒莊門口,迎接我們入內品酒。

石砌的酒莊本身不大,感覺就像一般家庭在郊區的別墅。

我對伊麗莎白最大的印象，就是強烈感受到她對土地的熱愛和對自家酒莊的自豪！從小在酒莊長大的她，耳濡目染之下，釀酒對她來說就如同在廚房煮湯一般，只是讓她大顯身手一展廚藝的廚房擴大成百倍大的葡萄園！這個比喻著實有趣！

她的「廚房」涵蓋了10公頃的橄欖樹及24公頃葡萄園，四周被200公頃的樹林包圍。伊麗莎白驕傲地強調，她的葡萄園種植的都是義大利本地的葡萄。

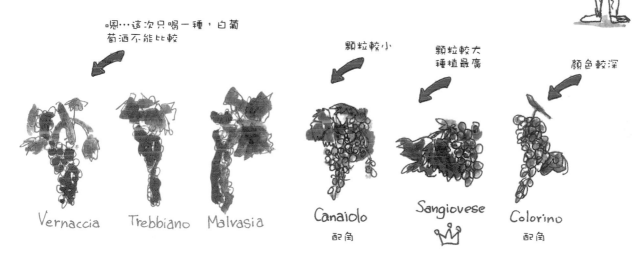

嗯…這次只喝一種，白葡萄酒不能比較

顆粒較小

顆粒較大
種植最廣

顏色較深

Vernaccia   Trebbiano   Malvasia   Canaiolo   Sangiovese   Colorino
配角   👑   配角

由於現在不是葡萄生長季，所以只能看看照片囉！其實我看起來「攏差不兜」。除了之前提到最重要的葡萄山吉歐維樹（Sangiovese）。卡內奧羅（Canaiolo）和科羅里諾（Colorino）通常都是用來混合。

白葡萄酒的製作流程

白葡萄經挑選後，倒入去梗
機。但有些酒廠並不去梗，
以增添葡萄酒的結構。

先用壓榨機榨出汁去皮
後，加入酵母，有些會
加糖。

不同的葡萄各別裝
入不同的發酵槽進
行發酵。

陳放

加糖與否除了依釀
酒師決定外，還必
須根據不同國家的
法規而定。義大利
則是禁止添加額外
的糖分喔！

裝瓶

IL GARRULO Chianti Colli Senesi 2014

75% Sangiovese, 20% canaioli, 3% trebbiano gentile, 2% malvasia bianca

| 這款紅酒的特別之處是加了2種白葡萄，伊麗莎白建議可搭配BBQ或魚。義大利並無如法國禁止紅、白葡萄混合的規定。

SONO MONTENIDOLI Rosse di Toscana IGT 2009 & 2014　100% Sangiovese

| 非常典型的本土葡萄酒，陳放於法國橡木桶內24個月。

FIORE Vernaccia di San Gimignano DOCG 2014　100% Vernaccia

| 在不鏽鋼桶內發酵，而白葡萄酒搭配魚料理是最佳的選擇！

TRADIZIONALE Vernaccia di San Gimignano DOCG　100% Vernaccia

| 連葡萄皮一起浸泡後，再榨汁，帶有草藥與杏仁的味道。

CARATO Vernaccia di San Gimignano DOCG 2010　100% Vernaccia

| 橡木味特別濃厚，有柑橘與蜂蜜口感！

品嘗葡萄酒後，伊麗莎白邀我們去她的葡萄園「走走」，殊不知這是馬拉松的開始！

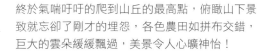

終於氣喘吁吁的爬到山丘的最高點，俯瞰山下景
致就忘卻了剛才的埋怨，各色農田如拼布交錯，
巨大的雲朵緩緩飄過，美景令人心曠神怡！

大夥兒再接再厲繼續健行，路途上伊麗莎白介紹了她成立的基金會。她希望能夠幫助有困難的青年及老人，讓他們協助葡萄園的農務，並有個棲身之處，但她目前還在籌募裝修宿舍的資金，而 SONO MONTENIDOLI Rosse di Toscana IGT 這個品牌的收益都會納入基金會的基金。

3.29.16

下山時還好搶得快，擠上了唯一的小貨車，小小車廂裡擠了6個人，山徑崎嶇不平，所有人都大張四肢如蜘蛛人般巴附著車身，希望不被震倒。我忍不住想記下這有趣的景象，在顛簸中作畫，線條也隨著小貨車跳躍而失控！

夕陽漸落，樹林也如伸展台上的模特兒，慢慢換上不同色調的衣衫。

我們迅速參觀酒窖後便返回飯店，晚上為喬和班準備了生日驚喜派對！

Lungarotti
路岡榮帝酒莊

酒莊小檔案

- 成立於1962年
- 由Giorgio Lungarotti與其女CEO Chiara所創建
- 葡萄園約200公頃
- 以家族企業化型態經營

隔日，清晨7點我們就再次從「寒冷」的被窩中爬起！房間的電暖氣每天罷工，彷彿與我們一起進入夢鄉，不過全副武裝的準備比起前天整晚蜷縮於被窩中好多了。

被連綿的丘陵和廣大的綠地所環繞的翁布里亞（Umbria），素有義大利綠色心臟之稱。我們在一片綠海中探索這個歷史悠久的釀酒區，原來翁布里亞的古城早在三千多年前就建有酒窖設備了！

我的睡衣——
義大利帽丁再度出馬！

根據行程第一站是位於托爾賈諾鎮（Torgiano）的Lungarotti酒莊。酒莊的創建人喬治（Giorgio Lungarotti），是翁布里亞區的酒界先鋒，他的大名也曾出現在著名的葡萄酒百科全書中呢！翁布里亞的特產白葡萄酒是用果核味濃郁的格瑞吉多（Grechetto）所釀。喬治首先在此地嘗試種植山吉歐維榭，他成功的釀造出不輸托斯卡尼產地的紅酒。

在1990年代中期，葡萄園施行精密種植計畫，確保每株葡萄藤能吸收充足的養分和水分。葡萄藤的密度與行距都有精準的規畫，如同羅馬軍隊列陣般井然有序。

一公頃規劃種植4千到5千株的葡萄藤

每株距離約
0.9～1公尺

每排距離約
2～2.5公尺

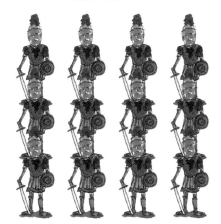

連不同品種的葡萄需要多少葉子都可以精密計算
並數據化。適當的葉子量可以為葡萄遮陽和進行
光合作用。

收成的良辰吉時更加不能馬虎，都要經過多方詳
細的數據（如葡萄的糖度、酸度、ph值等等）來
計算。不僅可以提高生產量，進而釀造出高品質
的葡萄酒。

連修剪葡萄藤也是一門很複雜的學問呢！一無所
知的我，真的很需要圖解說明。

多數的酒莊是採用古優（Guyot）這位法國科學
家的剪枝法（Double Guyot pruning system）。

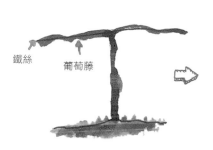

鐵絲　葡萄藤

收成後，葡萄藤會逐漸木化。

從木化的枝上長出新的藤。

從兩邊各選一根頭好壯壯
葡萄藤後（也有的只保留
一邊），便要大刀闊斧的
將其他枝芽都剪掉。

小心地將葡萄藤往兩邊彎下，
纏繞在鐵絲上，我發現這次我
所參訪過的葡萄園都是僅彎單
邊而已。

 明年收成後再重複一樣的步驟。

室內參觀路線

1 酒莊藝廊展

看著每條線上吊掛的照片，記錄著酒莊的里程碑，如同走進了一個立體的時間軸。

3 氣泡酒生產區

氣泡酒（Sparkling，也可稱為氣酒、起泡酒），香檳（Champagne）也是氣泡酒的一種，但只有在法國香檳區生產的氣泡酒才能稱作香檳。義大利氣泡酒以Prosecco出產的氣泡酒最富盛名，其品質不亞於香檳且價格較為經濟。

2 生產線

酒莊仍然保存早期鎖鏈滑輪的裝瓶線，與下方現代的自動化生產線形成有趣的對比。我們沿著紅酒「小纜車」，一路從外間參觀到酒窖內。走道兩旁的酒窖裡存放著蜘蛛網密布的陳年老酒。

氣泡酒的製作流程

氣泡酒釀造方式大致分成瓶中發酵法（Bottle-Fermentation）和槽中發酵法（Tank-Fermentation Methods），香檳便是使用瓶中發酵法，也稱作傳統釀造法（Méthode champenoise/méthode Traditionelle）。路岡榮帝酒莊沿用了傳統釀造方式。

正因為製作步驟繁瑣，時間冗長又耗費人力，高級氣泡酒的價格才會居高不下。

黑皮諾特性：帶有紅色水果香氣（草莓、覆盆子、紅櫻桃）單寧低中度、酸度高。

夏多內特性：依據生產地區溫度不同，有蘋果、柑橘或桃子、鳳梨、香蕉等熱帶水果香氣、酸度高。

黑皮諾（Pinot Noir）和夏多內（Chardonnay）是釀造香檳必備的葡萄，但其他氣泡酒也可能選擇混合本地的葡萄。

前面步驟與白酒相同。將葡萄去皮、榨汁，加入糖和酵母進行第一次發酵，依照釀酒師的比例混合不同品種的葡萄並裝瓶。

Tirage 在瓶中加入糖和酵母進行第二次發酵，糖分會轉變成酒精與二氧化碳。

Aging 靜置熟成，時間可能依品質的高低從9個月到5年之久。而因為氣泡酒無法開瓶過濾死掉的酵母和殘渣，所以釀酒前輩想出一個解決的辦法。

Riddling 將氣泡酒倒插在A字型的架上，定期的旋轉瓶身進而使殘渣沉澱在接近瓶塞的地方。

冷凍機

Disgorging 將瓶頸結凍，因為壓力關係，開瓶後沉澱物會自動噴出。

Dosage 最後補上一些葡萄酒和根據釀酒師要的甜度來加入適量的糖，塞入軟木塞，就大功告成了。

品酒小記

WHITE WINE

Umbria Grechetto IGT

這款白酒無經過壓榨機，直接在不鏽鋼桶內進行發酵。

| 9月初收成
| 帶有鳳梨和柑橘味
| 適合作為開胃酒，或搭配奶油或乳酪pasta能解油膩。
| 適飲溫度12℃～14℃

GRECHETTO
UMBRIA- ITALIA

LUNGAROTTI

TORRE DI GIANO UMBRIA BIANCO IGT 2015

這款白酒一樣無經過壓榨機,直接發酵於不鏽鋼桶。

這瓶酒隱藏的歷史故事引起了我的興趣。酒名Torre di Giano是位於托爾賈諾(Torgiano)的雙面神之塔。賈納斯(英:Janus,義:Giano)或俗稱雙面神,是羅馬神話中守護天門之神,並掌管著開始、戰爭、和平與時間,前後兩張臉分別能看見過去與未來。酒瓶標籤上是13世紀佩魯賈市馬焦雷噴泉(Fontana Maggiore of Perugia)的浮雕,描繪當時豐收的景象。

┃ 尾韻長、有柑橘香氣,酸度適中。
┃ 特別適合搭配洋蔥湯

TORRE DI GIANO VIGNA IL PINO BIANCO DI TORGIANO DOC

70% Trebbiano,30% Grechetto

這款酒是早期少數選擇陳放在木桶中的白酒。Vigna il Pino是il Pino葡萄園,Torgiano為地名托爾賈諾。這款酒發酵時有30%的酒在木桶,70%在不鏽鋼桶。歷經3個月陳放在木桶中,3年陳放在瓶中。

┃ 平衡、優雅,帶有一些椰子、花香、香草、白巧克力的口感。

SPARKLING WINE

BRUT MILLESIMATO 2013 VSQ METODO CLASSICO

Brut是不甜的意思,VSQ(Vino Spumante di Qualità)為優質氣泡酒,而Metodo Classico代表著使用傳統釀造法。這款酒歷經30個月在瓶中進行二次發酵,以及45天的轉瓶程序。

┃ 充滿堅果和水果風味,微帶麵包皮口感,最後以花香味收尾。
┃ 適飲溫度8℃~10℃

RED WINE

Montefalco Sagrantino DOCG 2010

三格拉底諾（Sagrantino）這個義大利古老的本土葡萄還有一則有趣的傳說。某日，當神聖羅馬帝國腓特烈二世到蒙泰法爾科（Motefalco）狩獵時，他的愛鷹Sagrantino不適，喝了用此葡萄製成的土方而痊癒，葡萄的名字便由此而來。這款酒在不鏽鋼桶中發酵與浸皮28天，在木桶中1年，上市前會在瓶中陳放3年。

| 充滿櫻桃、黑醋栗、覆盆莓、可可風味，尾韻悠長、單寧和順、多層次。
| 建議可以搭配烤豬肉與燉鹿肉。
| 適飲溫度16℃～18℃

Rubesco Rosso di Torgiano DOC 2012

Rosso di Torgiano代表托爾賈諾的紅葡萄酒，而Rubesco取自於拉丁文「歡樂」之意。這款酒在不鏽鋼桶內發酵與浸皮15天，在木桶中陳放1年，在瓶中也陳放1年。

| 酒體均衡、單寧和順，帶有香料、胡椒、甜菸草、果醬、紫羅蘭的風味。
| 這款酒適合搭配豐盛晚餐，像是BBQ烤肉沾上辣醬、丁骨牛排、烤牛肉佐馬鈴薯、烤肉雞燉鰻魚、千層肉醬麵等等。

RUBESCO RISERVA VIGNA MONTICCHIO ROSSO 2008

Riserva是珍藏等級，Vigna Monticchio為Monticchio的葡萄園。這款酒在不鏽鋼桶內發酵與浸皮15～20天，在木桶中陳放1年，在瓶中要陳放30～35年之久。

▎ 1990年得到DOCG等級

▎ 單寧柔和、可嘗到櫻桃、黑莓、紫羅蘭口感。

▎ 這款酒適合搭配國際料理，像是北京烤鴨、生魚片配日本芥末、烤牛肉佐芥末、乳鴿松露等等。

氣泡酒甜度表

Brut Nature
Extra Brut
Brut
Extra Dry
Dry
Demi-Sec
Doux

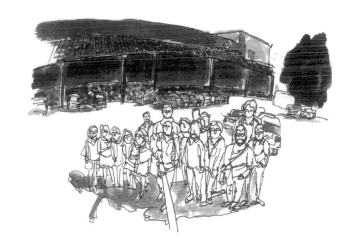

Consorzio Tutela Vini Montefalco
蒙泰法爾科葡萄酒保護聯盟

酒莊小檔案

· 成立於1981年
· 主席為Pambuffetti Amilcare

在拜訪完路岡榮帝酒莊之後，「車不停輪」地趕至翁布里亞的另一座小鎮——蒙泰法爾科。這座城鎮建於473公尺高的山丘，因為這樣的天然地理位置，而被稱作「翁布里亞的陽台」，四周環繞中世紀時期的城牆和高聳的鐘塔。

在鎮上唯一一間有營業的Pizzeria Bar簡單解決午餐。大烤盤上放著一塊塊剛出爐的「方形」披薩，香氣誘人。老闆迅速切割披薩，又從烤箱中拿出更多來應付我們這群突然湧進的蝗蟲。

將披薩掃蕩一空後，穿過歷經歲月的古城門，兩旁櫛次鱗比的石磚屋，好像置身於中世紀時代，我們沿著山丘往上走，到了被教堂、商店等環繞的市鎮廣場（Piazza del Comune）。

大家魚貫走入由教堂改建的聖菲利波內裡戲院（San Filippo Neri）。1981年，許多蒙泰法爾科當地釀酒商一同成立了Consorzio Tutela Vini Montefalco。聯盟的主席Pambuffetti親自在這座18世紀的古教堂裡為我們介紹聯盟宗旨和當地的歷史與葡萄酒產業。路岡榮帝酒莊與下一站的阿納爾多卡布拉依酒莊皆是成員之一。

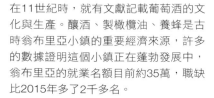

在11世紀時，就有文獻記載葡萄酒的文化與生產。釀酒、製橄欖油、養蜂是古時翁布里亞小鎮的重要經濟來源，許多的數據證明這個小鎮正在蓬勃發展中，翁布里亞的就業名額目前約35萬，職缺比2015年多了2千多名。

葡萄酒生產量占翁布里亞區的20%。整體農業旅遊業營業額約1億，葡萄酒業3,500萬歐元。過去10年內，成立了30多家新酒廠。外銷主要出口國為美國、德國、比利時、丹麥和瑞士。

而聯盟的作用就是保護、推廣及監督本地酒莊的生產過程。Montefalco DOC和Montefalco Sagrantino DOCG就是釀造蒙泰法爾科葡萄酒的兩大法定區。

1979年兩個法定產區都得到DOC
1992年Montefalco Sagrantino晉身DOCG
Montefalco DOC法定區約410公頃
Montefalco Sagrantino DOCG 法定區約
610公頃

聯盟的一些方案成功的提高觀光人數，
其中一例是用15世紀義大利文藝復興畫
家班諾佐・哥佐里（Benozzo Gozzoli）
的作品來吸引遊客。當地的聖方濟博物館
（Museo di S. Francesco）的來客量因此
比去年增加了27%，許多旅客慕名而來。

Arnaldo Caprai
阿納爾多卡布拉依酒莊

酒莊小檔案

· 建於1971年
· 創建人為Arnaldo Caprai
· 土地約130公頃
· 葡萄園占約120公頃
· 以家族企業化方式經營

原本是紡織商人的阿納爾多（Arnaldo）在1971年買下了這個酒莊，他看出本地葡萄Sagrantino的潛力，使他決心要發展他的釀酒事業。從一開始5公頃的種植地擴大到現今140公頃的葡萄園，他一直致力於推行Sagrantino。10年後換成第二代馬可‧卡布拉依（Marco Capral）接手酒莊經營，宗旨仍然是維持土地和諧，強調永續經營，生產流程皆按照國際ISO標準。

哇！室外發酵槽大概有5個人高！

阿納爾多卡布拉依酒莊身為蒙泰法爾科列級酒莊協會（Associazione Grandi Cru di Montefalco）的領導者，長期與大學及相關研究機構等合作。在2010年開始執行新綠色革命方案（New Green Revolution）。從科技、經濟、農藝、基因工程等方面提出一些創新的方式來提升產品品質，最主要是降低生產過程造成的環境衝擊，如廢水處理、生物多樣性降低、完全依靠化石燃料等環境問題。由於有70%的葡萄酒生產國家都是將葡萄種植在山丘，酒莊更設計出更輕、更環保，適合在山丘上行駛的工作車。

第一次親眼看見全自動裝瓶與貼標機，一顆顆的軟木塞被吸進天花板的管線中，我立刻興奮地錄影，相較於其他OIV同學早就見怪不怪哩！

品酒小記

MONTEFALCO SAGRANTINO DOCG 25 ANNI 2011	MONTEFALCO ROSSO DOC 2013	MONTEFALCO ROSSO RISERVA DOC 2010	COLLI MARTANI GRECHETTO DOC GRECANTE 2013

 100% Sagrantino

 70% Sangiovese, 15% Sagrantino, 15% Merlot

 70% Sangiovese, 15% Sagrantino, 15% Merlot

 100% Sagrantino

熟成　　　　熟成　　　　熟成　　　　熟成

 24～26個月

 12個月

 20個月

 3個月

 6個月

 4個月

 6個月

 3個月

 首次年分1993年
適合搭配烤羊排、黑松露、乳酪，能稱作 Montefalco Sagrantino DOCG必須使用100% 在此法定區生產的 Sagrantino葡萄釀製。

 首次年分1975年
搭配紅白肉皆宜、pasta、乳酪

 首次年分1993年
適合搭配烤肉、乳酪

 首次年分1989年
適合搭配前菜、海鮮、小牛肉

結束一天的參訪，大夥兒相約到西耶納（Siena）
的一個小鎮蒙達奇諾（Montalcino）瞧瞧。

我們又再次行駛在幽暗無光的森林中返回飯店。

突然碰的一聲，一團黑影閃過……

OMG！嗚……
我們撞上一隻澎澎了！

還好皮粗肉厚的澎澎似乎沒有大礙，又風馳
電掣地跑進樹林裡，留下驚魂未定的我們，
和不敵野豬鐵頭功而受傷的車子。

HOTEL VILLA CASALECCHI

3.31.16
PEGGY

陽光鑽過樹枝照射在碎石路上，山中清新的空氣趕跑了不少瞌睡蟲。這裡環境幽靜、山明水秀，真是不錯的度假村耶！嗯……除了有偶遇澎澎或斑比的風險外。

這是我這幾個月住過最棒的地方了！不像我之前……

玻利維亞鹽床好硬喔！

發揮超神力！民宿沒電梯……

全鎮停電，肚子餓……

不過我晚上還是要包成這樣！

Fattoria Del Colle
柯雷的農場

酒莊小檔案

· 成立於1998年
· 創建人為Donatella Cinelli Colombini
· 莊園約336公頃
· 葡萄園約17公頃
· 以家庭方式經營

打扮俐落時尚、說話帶著自信的維奧蘭特（Violante）在葡萄園中跟我們介紹她引以為傲的莊園，以及分享由女人經營酒莊的心路歷程。這是這家酒莊最特別的地方，由母親傳承給女兒，而維奧蘭特已是第三代。她的媽媽多娜泰拉（Donatella）致力推廣紅酒旅遊業，到1998年開始專心經營自家2家酒莊柯雷的農場（Fattoria Del Colle）和女當家酒莊（Casato Prime Donne Winery）。

從16世紀開始，維奧蘭特的祖先就開始經營這座莊園，這些古樸高雅的石造房屋也都是當時建造的！土地總面積共336公頃，除了17公頃的葡萄園，還種植6公頃的橄欖，以及白松露、穀物等其他160公頃的經濟作物，另外也有提供住宿、餐飲與導覽。

維奧蘭特努力要打破刻板印象，證明釀酒事業並非只是男人的專利，多年來與她的媽媽一直堅持著夢想。身為女性釀酒師，無可避免被質疑專業能力，但維奧蘭特強調要相信自己的夢想，女人也可有所成就！

進入酒窖，最吸引女生注意的是每個酒桶上都貼了一個「膨膨」的愛心。

Rosso di Montalcino DOC 2014

100% Sangiovese Brunello

| 酒標上的三隻白鴿代表維蘭特一家人。

Leone Rosso Orcia DOC 2011

60% Sangiovese、40% Merlot

| 紀念建立這座莊園的祖先，酒標上紅色獅子即為族徽。

Cenerentola Orcia DOC 2012

65% Sangiovese、35% Foglia Tonda

| 以童話故事灰姑娘為主題，除了浪漫可愛的少女情懷，
  還暗喻行家會如王子般在萬中選一。這是奧蘭特最喜歡
  的一款酒！

Brunello di Montalcino DOCG 2011

100% Sangiovese Brunello

| 這款酒來自另一莊園Casato Prime Donne，這裡也是第
  一座雇用女性員工的酒莊！

Brunello di Montalcino Progetto Prime Donne DOCG 2010

100% Sangiovese Brunello

| 很受女性歡迎的一款酒，被許多女性品酒師挑中。

Argiano
阿爾嘉諾酒莊

酒莊小檔案

· 成立於1580年
· 由Pecci家族創辦
· 莊園約125公頃
· 葡萄園約51公頃
· 以企業化形式經營

條條藤蔓攀爬在古老的石磚上，透露出阿爾嘉諾這座酒莊歷經百年的歷史。我們在接待小姐的帶領下一起回到文藝復興時代。在14世紀，這座莊園是西耶納貴族——佩奇（Pecci）家族所擁有。到了16世紀時，擴建了莊園並開始釀造葡萄酒。

經過石頭門，就著點點壁燈一步步往下，進入由石頭堆砌而成的酒窖，因為得天獨厚的氣候條件，葡萄酒們都有很舒適的天然冷氣房可住。而夏季晚上，高海拔地區較平地涼爽，讓葡萄在炎炎夏日就像有天然的電風扇可吹。

20世紀，新老闆欽扎諾（Cinzano）女爵引進現代管理模式，翻新了酒窖及擴大葡萄種植面積。到了現代，由巴西人經營，除了販售葡萄酒外，遊客也可享受頂級villa設施，有豪華客房、游泳池等等。

隨著引導，大家陸續上到二樓品飲室，但所有人驚歎著莊園美景而駐足停步，從二樓遠眺廣大遼闊高原，這座莊園坐落在300公尺高的Argiano山丘，土地面積約125公頃，葡萄園則占約51公頃。一棵棵挺拔的柏樹如衛兵般列隊在道路的兩旁，護衛著城堡，十分威武氣派。

品酒小記

Rosso di Montalcino DOC
100% Sangiovese Grosso

| 非常經典的Montalcino的代表作。單寧柔和，極適合喜愛Sangiovese葡萄的愛好者。在不鏽鋼槽裡發酵兩星期，二次發酵於法國橡木桶，為了讓紅酒更為圓滑順口。有紅莓、紫羅蘭、薄荷和土壤等風味。

Brunello di Montalcino DOCG
100% Sangiovese Grosso

| Sangiovese葡萄（當地人稱之為Brunello）通常採收於9月底到10月中，但也會因為天候、土壤等因素而有所不同。酒莊總是選擇最佳的Sangiovese葡萄來釀製Brunello di Montalcino，這是從1888年就開始傳下來的先例了。第一年先放置於法國橡木桶，隔年則放在Slavonian橡木桶，在酒質熟成後移至混凝土酒槽。紅莓香氣、酒體平衡、清新。

Non Confunditur IGT

| 這款酒名稱是拉丁文中獨特、完美無瑕的意思，是指完美混合法國與義大利品種的葡萄：Cabernet Sauvignon、Merlot、Syrah、Sangiovese。為了保留不同葡萄的特性，釀酒師決定先分開發酵，混合之前先熟成於法國橡木桶中。葡萄酒融合了不同葡萄的特性，酒體濃郁、單寧滑順，帶有紅莓和黑醋栗香氣。

Solengo IGT
Cabernet Sauvignon、Petit Verdot、
Merlot、Syrah

> 在當地，Solengo是野豬的意思，
> 依照慣例在9月底到10月初先採收
> Syrah和Merlot，其後才是Cabernet
> Sauvignon和Petit Verdot。葡萄們先
> 分開在不鏽鋼桶發酵12～16天後，
> 再換木桶熟成，最後再依照比例混合
> 不同品種的葡萄裝瓶。酒體濃郁、多
> 層次，帶有黑醋栗、黑莓、還有一點
> 橡木香氣。

Cupano
枯巴諾酒莊

酒莊小檔案

- 成立於1988年
- 創辦人為Boss Lionello & Ornella
- 莊園約34公頃
- 葡萄園約7公頃
- 以家庭方式經營

酒廠位於西耶納的山丘，橘色義大利扁柏招牌在一片綠海中特別醒目！

一位長得像肯德基爺爺的先生出來歡迎，引領我們入內參觀。但如同其他酒廠一樣，因為正值休息季節，廠內一片寂靜。我們就在不鏽鋼槽旁聆聽枯巴諾的起源。

這位法國先生黎歐內羅（Lionello）與他的義大利太太歐奈拉（Ornella）在1988年買下34公頃土地，其中葡萄園占地7公頃，夫妻倆開始他們的釀酒事業。年產量約為1.3萬到1.4萬瓶。

由於黎歐內羅爺爺的盛情邀約，我們便開車前往離釀酒廠不遠的莊園，與他的太太及女兒見面，順道也可以看看葡萄園。陽光從一棵棵瘦高的樹間穿透，如同星光大道的聚光燈準備迎接主角登場，果然遠遠見到黎歐內羅騎著腳踏車悠悠哉哉的登場了！

黎歐內羅一家三口為大家介紹酒莊，他說這裡絕不使用化學肥料及殺蟲劑，也帶我們欣賞葡萄園及周邊風景。在寒風中仍然怒放的花朵點綴著古樸的樓房，這裡海拔高度約200公尺，放眼望去四周無盡的田園，遠離塵囂的喧鬧，讓人不禁紛紛讚揚這自然美景。

CUPANO
PEGGY
3. 31. 16

這時，草叢中剛出生貓寶寶們細微的喵喵聲吸引了大家的注意，貓媽咪用黃色的大眼睛警戒的盯著我們這群陌生人。同時間，黎歐內羅夫妻倆招呼我們到庭院入座聊天，品嘗臘腸、起司、麵包等，並搭配自家出產的紅酒，還在桌子中間生火取暖。貓媽咪總算可以鬆一口氣哩！

席間黎歐內羅要我們依序自我介紹一番。看大家都用法文講，我是不是也用用法文呢？我在心中默念著上課講過的自我介紹，除了提到自家進口洋酒，當然不忘介紹我的興趣就是超級喜歡畫畫囉！

正得意洋洋法文講得很溜時，悲劇就發生了！黎歐內羅和歐奈拉表示想一觀我的畫作，我一個激動急步向前走去，卻將剛才因講話而放置在地上的酒杯如同足球般一飛沖天出去了。

聊著聊著，夜暮與寒氣也來報到了。最後拍下大家都盡興微醺的一刻！看歐奈拉對我的畫愛不釋手，便將畫贈與他們，感謝他們的款待！

Ampeleia Srl
安佩萊雅酒莊

酒莊小檔案

· 創立於2002年
· 由Boss Elisabetta Foradori, Thomas Widmann和Giovanni Podini創立
· 以小型企業方式經營

今天我們來到安佩萊雅酒莊，看到我隨時隨地邊走邊畫，大夥兒都開玩笑的説要擺好姿勢喔！

車子爬上山丘，我們來拜訪位於
托斯卡尼區格羅賽托村莊的一間
小型酒莊。

在60年代前，一對瑞士夫妻艾瑞卡（Erica）和彼得·
馬克斯·蘇特（Peter Max Suter）整頓荒地，將其轉變
成農場。

Cabernet Franc
卡本內·弗朗（品麗珠）

著名產地：法國波爾多右岸。

特色：青草、青椒氣味最為顯著，也有紫
羅蘭、黑醋栗等風味。

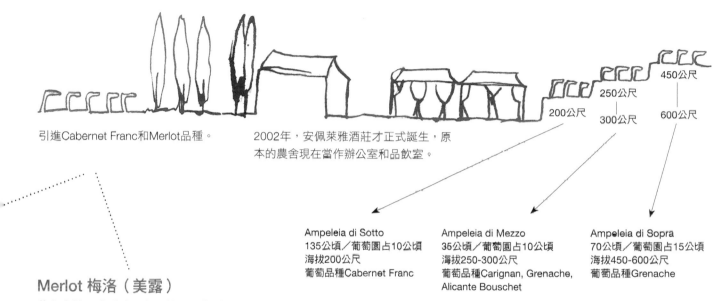

酒莊種植地區依海拔高度分成3部分

引進Cabernet Franc和Merlot品種。

2002年，安佩萊雅酒莊才正式誕生，原本的農舍現在當作辦公室和品飲室。

450公尺
250公尺
600公尺
300公尺
200公尺

Ampeleia di Sotto
135公頃／葡萄園占10公頃
海拔200公尺
葡萄品種Cabernet Franc

Ampeleia di Mezzo
35公頃／葡萄園占10公頃
海拔250-300公尺
葡萄品種Carignan, Grenache,
Alicante Bouschet

Ampeleia di Sopra
70公頃／葡萄園占15公頃
海拔450-600公尺
葡萄品種Grenache

Merlot 梅洛（美露）

著名產地： 法國波爾多，特別是聖愛美濃（St.-Émilion）及波美侯（Pomerol）。

特色： 因單寧含量較少，口感特別圓潤滑順，也因此梅洛常被用於混合其他品種。帶有濃郁果香，如草莓、黑醋栗、黑櫻桃。

品酒小記

KEPOS IGT 2013

Ampeleia di Sotto
以Grenache（格那希）為主，Grenache的主要產地在西班牙。

| 11個月在水泥槽
| 7個月在瓶中陳年
| 特色為高糖分、低酸度，有紅色水果如草莓、覆盆子，以及白胡椒、甘草等風味。陳年葡萄酒則有太妃糖和皮革等氣味。

AMPELEIA IGT 2012

主要Cabernet Franc，次要Sangiovese混合其他6種本土葡萄

| 海拔200～600公尺
| 在水泥槽熟成16個月
| 在瓶中陳年12個月

CABERNET FRANC IGT 2014

100% Cabernet Franc

| 海拔500公尺以上
| 在水泥槽熟成6個月

UNLITRO IGT 2014

Ampeleia di Mezzo

| Grenache為主
| 海拔200～350公尺
| 在水泥槽熟成6個月

ALICANTE IGT 2014

100% Alicante Nero

| 海拔250公尺以上
| 在水泥槽熟成6個月

Le Macchiole
瑪其歐里酒莊

酒莊小檔案

· 成立於1983年
· 創建人Eugenio Campolmi
· 葡萄園約24公頃
· 企業化經營

下一站是在托斯卡尼海岸的博格利（Bolgheri），此區也是著名的葡萄酒生產區。除了種植本土葡萄Sangiovese外，許多波爾多的葡萄們也住在此處，像卡本內‧蘇維濃（Cabernet Sauvignon）、Cabernet Franc、小維鐸（Petit Verdot）、Merlot，還有澳洲著名的葡萄品種希拉（Syrah）。

1984年 博格利區的白酒得到DOC

1994年 紅酒獲得DOC

為了得到DOC或DOCG等級，葡萄的生長方式、混合調配比例與品種（尤其強調使用本土葡萄）、熟成時間等等都需按照官方規定。大約在1980年時期，一些托斯卡尼釀酒師不想拘泥於奇揚地地區葡萄酒等級嚴苛的規範，釀酒師才能夠有更多發揮創意的空間，釀出超乎預期高品質的托斯卡尼葡萄酒。這種帶著挑戰傳統規範又令人驚喜的特殊酒品，被稱之為Super Tuscan 超級托斯卡納（Super Tuscany 超級托斯卡尼)，因此Super Tuscan之名不脛而走，至於這個名稱如何而來眾說紛紜。自此，托斯卡尼刮起一陣非DOC風潮，成為網路上所說品質好、價格高又難以取得的「膜拜酒」的一種，其價格差距則有天壤之別，從區區個位數的零錢到上百塊歐元不等。

到1992年，法規才增加了IGT（地區餐酒等級：只需達到使用至少85%種植於此地區的葡萄），許多出名的超級托斯卡納都只達到IGT等級，之後每間酒莊便可以大顯身手、發揮創造力，想要得到這項非官方等級的殊榮。

歐亨尼奧・坎波米（Eugenio Campolmi）與太太辛西亞・梅麗（Cinzia Merli）在1983年買下了這座葡萄園。他嘗試種植許多波爾多品種，也成功推出波爾多風格葡萄酒，瑪其歐里酒莊的葡萄酒也獲得超級托斯卡納的美稱。2002年，太太辛西亞接手酒莊延續亡夫的遺願與熱情。

氣候是影響葡萄生長的重要關鍵

適當的陽光、氣溫、水都是缺一不可的！

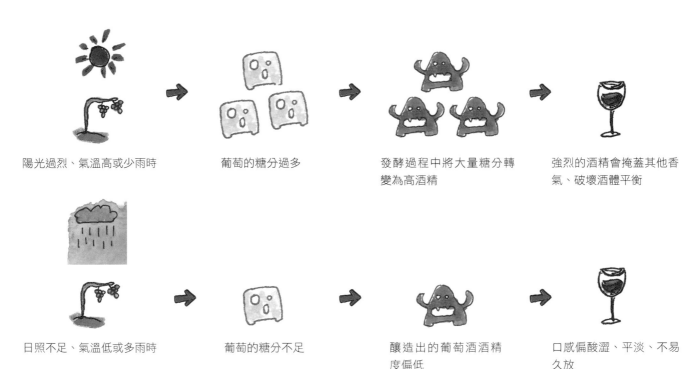

陽光過烈、氣溫高或少雨時

葡萄的糖分過多

發酵過程中將大量糖分轉變為高酒精

強烈的酒精會掩蓋其他香氣、破壞酒體平衡

日照不足、氣溫低或多雨時

葡萄的糖分不足

釀造出的葡萄酒酒精度偏低

口感偏酸澀、平淡、不易久放

因氣候因素對於釀酒實在至關重要，通常在葡萄酒簡介中均會提到當季的氣候狀況。

2012年

夏季相當炎熱且乾燥，所幸之後天氣逐漸恢復正常，也有充沛的雨量。這時的葡萄香氣尤其帶有特殊的清新與礦物香氣。

2013年

雨量充沛的冬季，涼爽、多雨的春天，夏季的高溫使葡萄迅速成熟。絕佳的單寧結構、酸度、香氣是反應最佳氣候的證明。

2014年

因反常的天氣使酒莊面臨巨大的挑戰，生產量比預期的低。極度清新、芳香、適宜的酸度、具有陳年潛力。

品酒小記

瑪其歐里酒莊就只精選推出5款葡萄酒！

PALEO BIANCO

60% Sauvignon Blanc, 40% Chardonnay

| 年產量4,900瓶
| 1991年首次上市
| 熟成7個月，30%在新橡木桶，70%
  在舊橡木桶。
| 酒體平衡，適合搭配海鮮。

BOLGHRI ROSSO DOC 2014

50% Merlot, 30% Cabernet Franc, 20% Syrah

| 2004年首次上市
| 年產量10萬瓶
| 在不鏽鋼桶裡發酵15天
| 熟陳11個月，80%在橡木桶，20%
  在混凝土槽。
| 清新、順口。

PALEO ROSSO 2012

100% Cabernet Franc

| 年產量2.5萬瓶
| 1989年及2001年100% CF
| 在水泥槽裡浸皮25天
| 熟成20個月，75%在新橡木桶，
  25%在舊橡木桶。
| 特色是強烈的青草味，紫羅蘭、黑
  醋栗等香味。

SCRIO

SCRIO 2012

100% Syrah

| 年產量4,600瓶
| 1994年首次上市
| 在不鏽鋼桶裡浸皮20天
| 20個月在木桶中熟成。
| 葡萄品種為希哈Syrah（或稱 Shiraz），主要產於法國、澳洲、西班牙、美國等地，帶有黑莓、藍莓、胡椒、藥草等風味。

MESSORIO 2012

100% Merlot

| 1994年首次上市
| 年產量9,800瓶
| 在不鏽鋼桶裡發酵與浸皮25天
| 熟成20個月，75%在新橡木桶，25%在舊橡木桶。
| 酒體優雅、豐富有層次。

金字塔型的釀酒槽喔！

Ornellaia
歐內納亞酒莊

酒莊小檔案

· 建於 1981年
· 創建人Marchese Lodovico Antinori
· 葡萄園約140公頃

今日最後一站來到歐內納亞酒莊，這個酒莊的建築風格偏現代，不論是在酒標或公共空間上，處處可見紅酒與藝術結合的設計。這也是現在大部分酒莊的訴求，希望透過藝術，提升酒品的質感與形象。美國葡萄酒之父、著名的釀酒大師羅伯・蒙岱維（Robert Mondavi）還曾參與歐內納亞酒莊經營耶！

酒莊每年會聘請一位知名藝術家來設計酒標，詮釋每年特定的主題。例如在酒莊入口的庭院，右側有樹木修剪成字母HAPPILY AFTER。圓圓胖胖的字母惹得大家紛紛來自拍。這就是2007年的主題──和諧（L'Armonia），由藝術家葛達哈・阿梅爾（Gadha Amer）所設計。

市場經理馬泰歐（Matteo）負責接待我們。

一入室內，目光立刻被四根造型誇張的金柱子吸引。每根柱子上都有個立體的人臉，數條葡萄串和不同的花卉從頭上延伸到柱頂，水由人臉口中流向下方的荷葉裡，柱子正後方還有一雙手耶！嗯……聽了解說才知道如此設計是在象徵四季與富饒，牆上的手稿也讓訪客了解藝術家的創作歷程。

鏡頭拉近欣賞這奇特的柱子

馬泰歐向我們解說藝術家如何將靈感變成酒標過程。最重要當然是找到夠符合這瓶酒之特質的藝術家。馬泰歐用2013年的L'Eleganza為例，酒莊邀請日本藝術家曾根裕（Yutaka Sone）以優雅（Elegance）為主題來設計當季新酒標。曾根裕素以大理石雕刻聞名，所以他立刻想到要去位於托斯卡尼區的卡拉拉（Carrara）大理石採石場尋找靈感。雕刻大師米開朗基羅的石材也是取自同一地方喔！他與同行的兩個朋友在層巒疊嶂的大理石岩壁環繞之下，遠眺群山品酒談心。大理石在陽光的照射下如同皚皚白雪。曾根裕創作的酒標是要傳達分享、友誼、當然還有這次非凡的經驗！

除了設計酒標，藝術家都會依照主題做一系列的酒瓶藝術。100瓶double magnums（3L）、8瓶Imperials（6L）、1瓶Salmanazar（9L）大理石雕刻。

歐內納亞2013年酒標。

酒窖內的裝置藝術，則是由德國藝術家雷貝嘉·霍恩（Rebecca Horn）所設計，遠遠看就像一朵盛開的花朵，為酒窖增添一股活力。

沿著走廊欣賞藝術家的手稿。

歐內納亞的酒窖圍著八角狀中庭而建，從玻璃窗可見孔夫子藝術雕像在庭院正中央。這是根據中國藝術家張洹依所設計的2009年主題「平衡」所製作而成，取七十而從心所欲、不逾矩的含意。

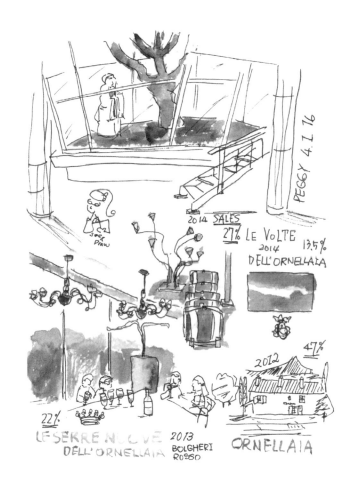

品酒小記

L'ELEGANZA ORNELLAIA 2012

56% CABERNET SAUVIGNON

27% MERLOT

10% CABERNET FRANC

7% PETIT VERDOT

| 這支酒以當季主題「Enchantment」（魅力）為設計，藝術家John Armleder的靈感來自於他品飲後的感想。John Armleder想要讓大家都能感受到他對這款紅酒超乎預期與驚喜之感。

| 2012年天氣較為乾燥，8月底到9月中先採收Merlot，之後再採收Cabernet Franc、Cabernet Sauvignon、Petit Verdot。

LE SERRE NUOVE DELL'ORNELLAIA 2013

36% CABERNET SAUVIGNON

32% MERLOT

20% CABERNET FRANC

12% PETIT VERDOT

| 2013年的降雨量是比2013年充沛許多，而且冬季溫度也較為寒冷，造成葡萄的花期延後，但也因花期的推遲，才讓葡萄得以躲過夏季的熱浪潮。

| 基本上，葡萄都是以人工摘採，然後倒到桌上進行篩選，以確保選取到的是最佳狀況的葡萄，選取完之後，得放在在不鏽鋼桶裡發酵2星期，之後才放入木桶裡存放15個月後裝瓶。這支Le Serre Nuove dell'Ornellaia 喝起來口感順口、清新、果味十足。

LE VOLTE 2014

70% MERLOT

15% SANGIOVESE

15% CABERNET SAUVIGNON

| 我們喝到最新釋出的年份2014年。不同的葡萄先分別熟成於不鏽鋼槽，最後根據釀酒師的決定比例來混合。釀酒師說因為2014年天氣的反常使他們遇到艱難的挑戰，天氣忽冷忽熱容易造成葡萄藤生病，但他們最終還是克服困難成功推出符合歐內納亞酒莊品質的酒。酒體平衡，高比例的Merlot使得口感變得柔順。

欣賞各家品飲室的裝潢與設計也是參觀的一大重點喔！上方吊著現代風黑色吊燈，陽光從四方照射進來，青翠山景環繞。美景也使杯中美酒更增添風味。

Candialle╱Verona
坎第亞酒莊╱維洛納

酒莊小檔案

· 創立於2002年
· 創辦人為Boss Jarkko Peränen
· 莊園約35公頃
· 葡萄園約11.5公頃
· 以家庭形式經營

一下車，抬頭就望見一團黑呼呼拖把似的狗在屋頂上精力旺盛地來回奔跑吠叫著。另外一位接待員是一隻體格壯碩如小馬般的獒犬。芬蘭籍的老闆亞科（Jarkko）緊隨其後，出來與大家打招呼。亞科原本在其他酒莊工作，2002年他買下現在的葡萄園，後來將它逐年擴大。

山吉歐維榭（Sangiovese）種植面積最大

Sangiovese 9.4 ha
Merlot 1.2 ha
Cabernet Franc 0.6 ha
Petit Verdot 0.4 ha
Malvasia Nera 0.4 ha
Canaiolo 0.15 ha

坎第亞酒莊是以家庭形式經營的農莊，還蓋有雞舍、牛欄，與葡萄園比鄰而居。小朋友們騎著腳踏車穿梭在我們之間相互競賽，我們就跟著拉布拉多和獒犬一起上上下下地巡視牠們的領地！

在釀酒區一顆顆球狀物排列在角落，這是亞科最引以為傲特殊造型的水泥發酵槽，叫做Clayver。一顆球的容量是250公升，有些釀酒師認為圓形酒槽能使葡萄酒進行化學作用時更為均勻。但也有釀酒師對此嗤之以鼻，認為這純粹只是酒槽造型上的設計而已。

趁解說的空檔，我坐在岩石上俯視山丘下的葡萄園，尋找完美的寫生角度。這裡讓我又可以新增一筆「在奇特的地方作畫」的紀錄──第一次在葡萄園中寫生。我還曾在這些地方寫生……

飄揚的熱氣球上……

酷熱的撒哈拉上……

搖曳的貢多拉上……

Lunch time！在亞科一家的熱情款待下，我們在綠意盎然的庭院中享用午餐並搭配酒莊出產的葡萄酒。

品酒小記

雖然每個人都已塞了滿滿的食物，但因盛情難卻，又繼續努力的塞入坎第亞酒莊無限量供應homemade小漢堡！筆記就簡單記記吧！

我注意到有些酒瓶瓶頸上貼有一張黑公雞貼紙，可不能小看這已有7百多年歷史的貼紙，這是自14世紀，奇揚地聯盟（League of Chianti）給予古典奇揚地（Chiantl Classico）這區的標誌，證明此葡萄酒產自此區，有品質保證。

但為何標誌是黑公雞？這還有一個有趣傳說喔！佛羅倫斯和西耶納因邊界問題年年交戰，12世紀時，雙方同意在雞鳴過後依騎士占領的範圍作為日後法定邊界。天明之際，西耶納的騎士在聽到他們營養充足的白雞的鳴叫後，衝了出去。沒想到佛羅倫斯騎士已先一步出發，因為他們所選的飢餓黑雞早已啼叫多時了！總之不論故事真假，黑公雞就變成古典奇揚地區的標誌哩！

PLI TOSCANA IGT 2011 14%

Sangiovese

| 在不鏽鋼桶內浸皮33天
| 熟成於法國橡木桶24個月
| 年產量1,200瓶

LA MISSE DI CANDIALLE DOC 2013 13.5%

Chlanti Classico

Sangiovese, Canalolo, Malvasia Nera

| 浸皮於水泥槽28天
| 熟成於水泥槽18個月
| 年產量18,000瓶

CANDIALLE CHIANTI ROSATO IGT 2015 13%

Chianti Classico

Merlot

| 於不鏽鋼槽裡發酵20天
| 年產量2,000瓶

粉紅酒（Rosato）釀造過程

前面的步驟跟紅酒一樣，最重要便是浸皮的步驟。

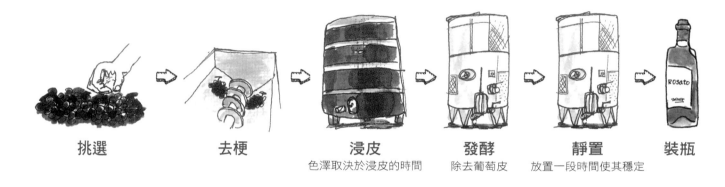

挑選	去梗	浸皮	發酵	靜置	裝瓶
		色澤取決於浸皮的時間	除去葡萄皮	放置一段時間使其穩定	

躲起來的臘腸

經不住拖把狗的可愛攻勢，牠終於等到了夢寐以求的臘腸。但是……大家忍俊不禁地看著狗狗挫折的找不到墜落在牠身上一條條結塊長毛中的臘腸……

Candialle 4.2.16

獒犬狗狗則掛著兩條快凝固的口水和男生們搶足球，大家一邊
要躲避它的口水攻擊，一邊還要防範它的絕技──頭錘。

我們來到羅密歐與茱麗葉的故鄉維洛納（Verona）……

偕友一同探訪，莎翁筆下之劇，
羅密歐茱麗葉，維洛納維洛納，

在巷弄中尋覓，茱麗葉的陽台，
茱麗葉的銅像，右胸金光閃閃，

人人爭相觸摸，牆上之愛情鎖，
牆上愛情塗鴉，祈禱真愛降臨。

昔日之競技場，今日的歌劇院，
古時政治聚會，現時市集餐廳。

物換星移之憾，文化底蘊之深。

Bergamo／Angelo Rocca & Figli s.r.l.／Milano

貝加莫／羅卡酒莊／米蘭

酒莊小檔案

· 成立於1936年
· 由Angelo Rocca與其孫子Boss Ernesto Rocca所創建
· 以家族企業化經營
· 葡萄園約80公頃

經歷了每天酒莊、葡萄園，再到酒莊、葡萄園的輪迴行程，我們利用今天的假期與風趣幽默的老朋友路易吉（Luigi）見面。

路易吉開始從事葡萄酒業的時間已不可考，他長期負責亞洲地區生意，與我們家相識多年。也在台灣住了8年之久，還記得我小時候曾到他家去玩呢！

現今在羅卡酒莊擔任亞洲區經理，每年都忙著在各國之間奔走，他形容自己如同蜜蜂般不停四處飛舞。

貝加莫（Bergamo）和米蘭都是位在倫巴底區（Lombardy）的城市。第一站吉吉要帶我們去他的第二故鄉貝加莫（Bergamo），這座古城依山而建、城牆環繞，發展於古羅馬時期。

暱稱吉吉（Gigi）

特調咖啡喔！

在搭纜車前，先在山腳下享用早餐，
真難得遇到我的同好耶！吉吉和我一
樣熱愛濃稠的熱巧克力！他回想他的
兒時，祖父平時的飲料都是黑咖啡加
糖再打一個蛋黃。

Caffe dal 1937

一路上吉吉跟我們說起他的學生生活。40年前，他在由修女管理、傳統嚴謹的大學求學，作息上都有嚴格的規定。早上7點起床、教堂禱告、上課，晚上7點要再去教堂，9點準時熄燈。週末從早上11點到下午3點都必需參加教堂的活動儀式。原來他的大學生活不是大家想像中都在開轟趴耶！他還記得小時候去離貝加莫不遠的法國邊境學法文。因當時的市場需求，大多是學習歐洲語文較為實用，如德語、法語。到10幾歲後，才開始學習英文。吉吉回想當時覺得這是痛苦的處罰，但現在則慶幸有學習不同語言的機會。

1333~1438

下山後，我們便朝米蘭的方向出發，途中路過羅卡酒莊的總部。但由於假期的緣故，大門緊鎖，我們在門口拍照留念，算是到此一遊啦！

櫥窗裡可愛的木頭豬

吉吉結婚的教堂也選在這裡，可見他跟貝加莫的感情之深。

羅卡酒莊的歷史從19世紀開始，法蘭契斯科・羅卡（Francesco Rocca）開始經營葡萄酒事業。其後，他的兒子安傑羅（Angelo）在普利亞區（Puglia）的萊韋拉諾（Leverano）建立完整的葡萄酒生產線與酒窖，80公頃的葡萄園種植了尼格阿馬羅（Negroamaro）、黑馬瓦西亞（Malvasia Nera）、普里米蒂沃（Primitivo）、Sangiovese、Syrah、Cabernet Sauvignon、Merlot等等。到了60年代，首批葡萄酒以羅卡品牌上市，現在已傳承到第四代經營了！

品酒小記

這幾款酒是酒莊的知名品牌。

Rocca 2007 Rosso' Salento

Negroamaro, Malvasia Nera 14.5%

| 羅卡家的經典款

Remajor Rosso

Dolcetto, Barbera, Cabernet 14%

| 雷馬紅酒

Remajor Blanco

Cortese, Chardonnary, Sauvignon 12.5%

| 雷馬白酒，葡萄酒的命名還另有深意喔！Remajor 是取自拉丁文「rex maior」偉大國王的意思。相傳在耶穌基督出生時，三王（Magi，祭司）帶著黃金（gold）、乳香（frankincense）、沒藥（myrrh），來到馬廄見耶穌。雷馬紅、白、粉紅象徵基督教中的三王。

Torridoro

| 多利城堡紅酒，標籤上的碉堡是16世紀時，義大利人為了防禦海盜襲擊所建。酒莊推出3款不同葡萄品種。分別是：
| 多利金城堡（Primitivo di Manduria）
| 多利城堡（Cabernet, Merlot）
| 多利玫瑰金城堡（Negroamaro）

Don Matteo Rosso Salento

Primitivo, Negroamaro 14%

| 瑪蒂歐紅酒，是根據義大利電視偵探影集中的神探——Matteo 神父所命名。Don為「閣下」之意。

較為特別的就是羅卡家族自70年代就開始經營賽馬場。8號氣泡酒Rocca Prosecco 8 Rosso便是要紀念羅卡家族的朋友奧托在賽馬場上無數次的勝利。奧托也是義大利文的數字8，因此他的賽馬都有8這個數字。

Prosecco是義大利最為著名的氣泡酒。而酒標上能夠印製Prosecco必須使用至少80～85%產自Veneto區Valdobbiadene小鎮的Glera葡萄。在Prosecco一舉成名後，有些酒標直接使用Prosecco為葡萄名稱。至於Prosecco DOC或DOCG還有更嚴格的規定。

Prosecco製作過程
Tank Method 大槽法

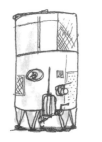    

經過第一次發酵的葡萄酒+酵母+糖　　　酵母　　　糖　　　在酒槽裡進行第二次發酵　　　過濾後，再加入適量的糖，裝瓶。

與傳統釀造法相比，此種生產方式花費的時間與人力較少，因此成本較低，當然價格上就比較經濟實惠囉！

遠遠就可見到雄踞在市中心的米蘭大教堂。長長的隊伍從教堂門口轉到側邊。正在忿忿不平地想為何另一邊的隊伍能夠迅速進入。吉吉說如果我們入內不照相，就可以從開放給做彌撒民眾的入口進入，也不需門票。嗯……我們只好乖乖等囉！

沉浸在莊嚴肅穆的音樂中，仰望穹頂，不禁讚嘆工匠巧手打造建築之精緻。

古典的艾曼紐二世（Galleria Vittorio Emanuele II）
迴廊兩旁林立著名牌商店。

磁磚上的凹洞，展示無數的遊
客尋求好運的熱情。腳跟踩著
公牛旋轉三圈。

我穿起來應該
很帥喔！

TRE GAZZELLE

來義大利當然要嘗嘗當地的冰淇淋
Gelato囉！

晚餐，吉吉的妙語連珠再度逗得我們
哈哈大笑！
台灣人的熱情好客是他最懷念的！相
信很快又會與他在台灣相見了！

Corte Sant'Alda

聖阿爾達農場

酒莊小檔案

· 創立於1985年
· 創建人Marinella Camerani
· 葡萄園約22公頃
· 以家庭形式經營

朝陽升起，車隊再次浩浩蕩蕩地駛向種滿櫻桃、橄欖、栗子的梅扎內（Mezzane）山谷，抵達了在山腳下的聖阿爾達農場。

直到中世紀時代，因為人口增加而使得小酒館對葡萄酒的需求增高。另外威尼斯共和國與維洛納之間的葡萄酒商業交易漸增，葡萄園的種植面積才急速擴大起來。葡萄產量約占總農業的30～40%。

農場得名自主人瑪內拉（Marinella）的女兒阿爾達（Alda）。自1985年瑪內拉接下家族農場後，立即開始翻新她的葡萄園。但由於收成欠佳，翌年，她毅然種下新的一批使用古優生長法的健康葡萄藤。從一公頃種植4,500株葡萄藤開始，到了2005年，已經擴展到一公頃種植1萬株。

許多酒莊皆以環境保護、永續經營等為宗旨，但得到實際認證的酒莊實為少數。
瑪內拉堅持她的酒莊要徹底貫徹友善環境理念（Eco-friendly），擁有有機認證葡萄園是他們的驕傲，而得到Demeter認證更是另一大成就。

Demeter為專門認證自然動力法（Biodynamics）的國際組織。

自然動力法的觀念在1927年由奧地利哲學家魯道夫‧史代納（Rudolf Steiner）提出，套用在葡萄農耕上，即是強調以宏觀的角度來兼顧葡萄藤、人、土地、天象、節氣之間的平衡，運用自然界的能量幫助葡萄生長，有點像我們依照農曆來耕種。絕對反對化學方式耕種，從種植到收成都需依據自然動力農耕年曆與遵照嚴格的規範，分成花日（Flower Day）、根日（Root Day）、葉日（Leaf Day）、果日（Fruit Day），需在最佳的時間種植、除草、收成等等。

在葡萄園爬上爬下，再進到酒窖中參觀一圈，肚子已經準備好大塊朵頤一番。我們一但看到行程表上有標明招待午餐就暗自高興，這樣就不用在森林荒野中找吃的了。

大家在布置得極為溫馨、帶有鄉村風格的餐廳內紛紛入坐，食物陸續登場！先是沙拉與麵包，加上自家品牌的橄欖油。這時我被前輩告知，憑著他們多次的經驗，看到食物要眼明手快，因為我們並非觀光豪華團，第一，如果動作慢，食物馬上就會被一掃而空。第二，因為不確定酒莊會提供多少食物，有可能只給麵包加橄欖油。

在大家拼命塞進麵包與沙拉的同時，農場自己種植的新鮮花椰菜、青翠的蘆筍與雞蛋沙拉等食物又源源不絕的上桌，輪到最後主菜——蔬菜燉肉上場時，雖然已經應接不暇，但為了不辜負香噴噴的美食，同志們繼續努力奮鬥吧！

在廚房忙碌許久的瑪內拉，笑容滿面的走出來，發揮百分百義大利媽媽的精神，頻頻勸吃，若非我們堅持婉謝，她還要再去煮幾道菜呢！

品酒小記　一直全神貫注的在食物上，還是來簡單介紹搭配的葡萄酒吧！

CHARDONNAY BLANCO VERONA IGT 13%

Chardonnay 100%

| 在水泥槽陳放4個月，清新、有香料香氣。

CA' FIUI VALPOLCELLA DOC 12.5%

Corvina 30%, Corvina Grossa 50%, Rondinella 15%, Molinara和其他本土葡萄5%

| Valpolcella為Vento區著名的釀酒地區。
| 10月初純手工採收，發酵於木桶，浸泡約15天。
| 陳放於木桶6～10個月，帶有香料與櫻桃香氣。

CAMPI MAGRI DOC 13%

Corvina 30%, Corvina Grossa 50%, Rondinella 20%

| 陳放於木桶18個月，有新鮮的莓果與香料味。

ADALIA 15%

Corvina 40%, Corvina Grossa 40%, Rondinella 20%

| Adalia是瓢蟲的意思。
| 有黑櫻桃、菸草和香料等風味。

Zonin 1821
佐寧1821酒莊

酒莊小檔案

· 成立於1821年
· 創建人為Domenico Zonin
· 莊園約4,000公頃
· 葡萄園約2,000公頃
· 以家族企業化經營

我的酒莊之旅也到了尾聲了，佐寧酒莊是最後一家哩！大家先進入大廳等候，有兩位導覽員為我們解說酒莊近兩百年的歷史。

佐寧酒莊不愧是義大利歷史最悠久的家族經營酒莊，不僅酒莊分布在義大利各區，擁有源遠流長的酒莊歷史才能在莊內設有博物館啊！導覽小姐推開牆上厚實的大門，帶領我們穿梭於古今葡萄酒的世界。

博物館內也蒐集了很多古時候釀造葡萄酒的器具和農具。

首先講述酒莊的起源，佐寧家族的祖先自1821年便開始從事葡萄酒生產，但是在1921年，多明尼克（Domenico）真正將家族葡萄園發揚光大並創立了「佐寧1821」。1967年由多明尼克的外甥詹尼（Gianni）接棒，現任當家是他的三個兒子多明尼克（Dominique）、法朗切斯科（Francesco）和米歇爾（Michele）一起接下了已經傳承7代的熱情。

佐寧家族旗下有9個莊園，分布於義大利最好的7個葡萄酒生產區和美國維吉尼亞州，而宗旨是尊重每個地區的傳統以發展各地區獨特的葡萄酒。有32位專業釀酒師和農學家負責打理2,000公頃的葡萄園。

平常在台灣隨處可見的巨峰葡萄郵票，也被陳列在佐寧的葡萄郵票博物館裡耶！

葡萄酒的軟木塞也是有分等級的，好壞如肉排與漢堡肉的區別。有完整一顆，也有木屑壓縮而成。

品酒小記

高腳杯依序擺放在ㄇ字型長桌，品酒師用極為熱情的語調為我們講述接下來的品酒步驟。我注意到服務生拿著用布套包住的酒瓶為大家斟酒，而侍酒師在一旁興奮的說「讓我們一起試試盲飲吧！」

1.觀察 先觀察酒的色澤。

2.嗅聞 將酒傾斜45度，以便感受酒的香氣。

3.品酒 啜飲一口酒，同時吸一口氣，讓酒充滿口腔，並感受其香氣與口感。

我們被逼著腦力激盪、不斷的思考自己喝到什麼味道、猜想是混合什麼葡萄……我深深的佩服同學們敏鋭的嗅覺與精準的味蕾。

PROSECCO BRUT DOC

Glera 100%

| Brut是最為常見的甜度標示，意思為不甜、無糖。
| 酒體平衡，帶有杏仁、花香和蘋果的口感。通常做為餐前酒，是前菜的最佳拍檔！

OLTRENERO BRUT NATURE 2010

Pinot Nero 100%

| 葡萄園約375公頃，1987年併入佐寧旗下。
| 酒體為黃色稻草色澤加上柔和的氣泡。
| 發酵需12天，並將溫度控制在18℃。
| 有紅色水果香味，如覆盆子、葡萄乾等。不僅適合搭配前菜，也可搭配燉飯、pasta，甚至壽司都是很棒的選擇。

AQUILIS 2014

Sauvignon Blanc 100%

| 原屬於貴族Bolani家族所有，1970年成為佐寧旗下酒莊，葡萄園占地1,500公頃，為義大利東北部最大的葡萄園。
| 有青椒、白桃、葡萄柚香氣，品嘗時則帶有柑橘和杏桃口感。可搭配壽司、生魚片、蘆筍等餐點。

MAREMMA TOSCANA 2013

Petit Verdot 40%, Syrah 40%, Merlot 20%

| 1990年成為佐寧旗下產業，莊園有47公頃，葡萄園占37公頃。黏土地質使葡萄藤能夠吸收充足的養份，氣候適宜，日照充足。
| 口感層次豐富，新鮮果香分明，如櫻桃、李子、黑醋栗，及帶有紫羅蘭、香草等香料香氣。

DELIELLA 2012

Nero d'Avola 100%

| 酒莊位於西西里（下次有機會一定要去西西里一遊）
| 發酵於不鏽鋼桶，熟成於法國橡木桶18個月，8個月在瓶中。
| 強烈的香料味撲鼻而來，帶點花與黑櫻桃香氣，酒體飽滿。

AMARONE DELLA VALPOLICELLA 2012

Corvina 60%, Rondinella 35%, Molinara 5%

| 7～8天浸皮，陳放於木桶。
| 有莓果與乾李子香氣。侍酒師推薦肝與馬肉是它絕佳的搭配。

04

尾聲

再長的旅程，也有面臨離別的時候。晚上，大家為我舉辦了餞別宴。我又緊張的在腦中打著草稿，總要說一些我的感想之類的啊！實在是很高興認識大家，同學們都非常nice喔！之前有同學提議等他們飛到亞洲時，可以順便來台灣玩個幾天。我與Amenda已經開始構思安排大家的台灣之旅囉！

趁上午還有些時間，我再次重遊維洛納小鎮。一人獨自漫步在靜謐的街道上，與之前來訪時的熙熙攘攘大相徑庭，感覺整個鎮都還在睡夢中。
平時去一個景點都是走馬看花，今日我可以悠閒地點杯熱巧克力，慢慢的藉由繪畫來欣賞眼前刻劃著歷史的競技場與街道，享受早晨的寧靜。
這次旅程讓我對於義大利和葡萄酒也有著全新的認識。不只品嘗義大利葡萄酒，也深刻感受代表這片土地的文化與熱情。

嗚～ 翌日清晨，與大家吻別後，我不斷的揮著手，目送著車子駛離飯店。他們將繼續葡萄酒環球之旅，下一站是希臘耶！我也好想跟喔！

3個月後……
台灣相見歡！

Salute！前進16座義大利經典酒莊：跟著Peggy邊繪邊玩

作　　者	陳品君（Peggy Chen）	總 代 理	三友圖書有限公司
編　　輯	羅德禎、鄭婷尹	地　　址	106台北市安和路2段213號4樓
美術設計	何仙玲	電　　話	(02) 2377-4155
校　　對	鄭婷尹、羅德禎、邱昌昊	傳　　真	(02) 2377-4355
		E－mail	service@sanyau.com.tw
發 行 人	程顯灝	郵政劃撥	05844889 三友圖書有限公司
總 編 輯	呂增娣		
主　　編	翁瑞祐、羅德禎	總 經 銷	大和書報圖書股份有限公司
編　　輯	鄭婷尹、邱昌昊、黃馨慧	地　　址	新北市新莊區五工五路2號
美術主編	劉錦堂	電　　話	(02) 8990-2588
美術編輯	曹文甄	傳　　真	(02) 2299-7900
行銷總監	呂增慧		
資深行銷	謝儀方	製版印刷	卡樂彩色製版印刷有限公司
行銷企劃	李承恩	初　　版	2017年04月
		定　　價	新台幣330元
發 行 部	侯莉莉	ISBN	978-986-94212-9-4（平裝）
財 務 部	許麗娟、陳美齡		
印　　務	許丁財		
出 版 者	四塊玉文創有限公司		

SANYAU
http://www.ju-zi.com.tw
三友圖書　友直 友諒 友多聞

國家圖書館出版品預行編目 (CIP) 資料

Salute！前進16座義大利經典酒莊：跟著Peggy
邊繪邊玩/ 陳品君著. -- 初版. -- 臺北市：四塊玉
文創, 2017.04
　面；　公分
ISBN 978-986-94212-9-4(平裝)
1.旅遊 2.繪本 3.義大利
745.09　　　　　　　　　　　106003499

飲　酒　過　量　，　有　害　健　康

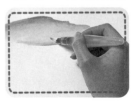

親愛的讀者：

感謝您購買《Salute!前進16座義大利經典酒莊：跟著Peggy漫遊漫玩》一書，為感謝您對本書的支持與愛護，只要填妥本回函，並寄回本社，即可成為三友圖書會員，將定期提供新書資訊及各種優惠給您。

姓名　　　　　　　　　　　出生年月日

電話　　　　　　　　　　　E-mail

通訊地址

臉書帳號

部落格名稱

1 年齡
□18歲以下 □19歲～25歲 □26歲～35歲 □36歲～45歲 □46歲～55歲
□56歲～65歲 □66歲～75歲 □76歲～85歲 □86歲以上

2 職業
□軍公教 □工 □商 □自由業 □服務業 □農林漁牧業 □家管 □學生
□其他

3 您從何處得知本書？
□網路書店 □博客來 □金石堂 □誠品 □誠品 □其他
□實體書店

4 您從何處購買本書？
□博客來 □金石堂 □誠品 □其他
□三友圖書電子報 □好好刊(雙月刊) □FB(三友圖書—微胖男女編輯社) □朋友推薦 □廣播媒體

5 您購買本書的因素有哪些？（可複選）
□作者 □內容 □圖片 □版面編排 □其他

6 您覺得本書的封面設計如何？
□非常滿意 □滿意 □普通 □很差 □其他

7 非常感謝您購買此書，您還選哪些主題有興趣？（可複選）
□中西食譜 □點心烘焙 □飲品類 □旅遊 □養生保健 □瘦身美妝 □手作 □寵物
□商業理財 □心靈療癒 □小說 □其他

8 您每個月的購書預算為多少金額？
□1,000元以下 □1,001～2,000元 □2,001～3,000元 □3,001～4,000元
□4,001～5,000元 □5,001元以上

9 若出版的書籍搭配贈品活動，您比較喜歡哪一類型的贈品？（可選2項）
□食品調味類 □鍋具類 □家電用品類 □書籍類 □生活用品類 □DIY手作類
□交通票券類 □展演活動票券類 □其他

10 您認為本書尚需改進之處？以及對我們的意見？

感謝您的填寫，
您寶貴的建議是我們進步的動力！